本书为江西省基础教育研究课题"新课标下信息技术与高中英语教学深度融合的创新与实践研究（课题编号：SZUJGYY2024-1149）"的研究成果

新课改下信息技术"赋能"高中英语教学创新研究

蒋满英◎著

吉林人民出版社

图书在版编目 (CIP) 数据

新课改下信息技术"赋能"高中英语教学创新研究 / 蒋满英著 . -- 长春 : 吉林人民出版社 , 2024. 5.
ISBN 978-7-206-20955-0
Ⅰ . G633.412-39

中国国家版本馆 CIP 数据核字第 2024DX3970 号

新课改下信息技术"赋能"高中英语教学创新研究
XINKEGAI XIA XINXI JISHU "FUNENG" GAOZHONG YINGYU JIAOXUE CHUANGXIN YANJIU

著　　者：蒋满英	
责任编辑：王　丹	封面设计：武思岐

吉林人民出版社出版 发行（长春市人民大街 7548 号） 邮政编码：130022
印　　刷：河北万卷印刷有限公司
开　　本：710mm×1000mm　　1/16
印　　张：15.25　　　　　　　　字　　数：210 千字
标准书号：ISBN 978-7-206-20955-0
版　　次：2024 年 5 月第 1 版　　印　　次：2024 年 5 月第 1 次印刷
定　　价：98.00 元

如发现印装质量问题，影响阅读，请与出版社联系调换。

前言 | PREFACE

英语作为一门世界性的语言，在社会发展中的作用越来越明显，小到能帮助个人学习外文文献和资料，大到能促进国与国之间的经济文化合作交流。我国的英语教育从诞生至今已经经历了二百余年的发展，其间既有高潮，也有低谷，但总体发展形势不断向好，这既是时代发展的必然要求，也是中国人民不断走向世界的体现。时光飞逝，在全球化不断发展的今天，中国也昂首迈入新时代。新时代有新的发展理念，对英语人才也提出了更高的要求，高素质英语人才不仅要具备扎实的英语知识，还要有熟练的英语运用能力和深厚的文化素养。英语教师肩负着新时代英语人才培养的重任，因此，需要不断提升英语教师专业发展水平，为国家和社会发展培养更多的高素质英语人才。

传统英语教学模式有时候过于注重知识的灌输，而忽略了学生的主体性和语言本身的实际应用性及其承载的文化要素。随着新课改的深入推进，高中英语教学的目标已经从单纯语言知识的掌握转向了更加综合的人文素养培养和应用能力的提高。为了实现新课改背景下英语教学的目标，以知识单向输出为特征的课堂教学已经无法满足英语教学的需求，而信息技术的介入则为英语教学带来了新的可能性，基于信息化的英语教学不仅可以为学生提供丰富的学习资源和真实的语言环境，还可以帮助教师更好地进行教学设计和评价。

新课改下，教师应该将学生放在课堂教学的第一位，尊重学生的主体地位，让学生成为学习的主人。在传统的教学模式中，教师的主体地位是显而易见的。而新课改的推进告诉我们，学生不是信息的被动接受者和教学的附属品，学生和教师的地位是平等的。因此，高中教师在进行英语教学时，要注重构建新型的师生关系，尊重学生，信任学生。将学生看作有独立思考能力、有思想的学习主体，不断地挖掘学生的内在潜力，让学生感受到自己是受尊重的。只有这样，学生才能真正成为学习的主人，强化自身的主体意识，不断进行学习和探究，在满足他们心理需求的基础上更加喜欢学习英语。

本书首先对新课改下高中英语教学的内涵、特点、内容、方法、原则和模式进行了探讨，并深入剖析了新课改对高中英语教学的深远影响。随后又详细探讨了信息技术的发展对教育的影响，以及它如何"赋能"高中英语教学创新。在此基础上，通过基础研究和理论支撑，我们对信息技术"赋能"高中英语教学创新的必要性、可行性和侧重点进行了深入探讨。在实践方面，本书深入研究了信息技术如何赋能高中英语教学模式和评价体系的创新，并提供了具体的实践教学创新的路径及课例，还深入探讨了信息技术"赋能"下学生和英语教师的发展。

鉴于笔者水平有限，书中难免存在一些不足，敬请各位同行及专家学者予以斧正。

目录 | CONTENTS

第一章　新课改下高中英语教学概述 ……001
第一节　高中英语教学的内涵与特点 ……001
第二节　高中英语教学的内容与方法 ……017
第三节　高中英语教学的原则与模式 ……028
第四节　新课改的内容及其对高中英语教学的影响 ……038

第二章　信息技术与教育 ……043
第一节　信息技术的发展与教育的变革 ……043
第二节　信息技术在教学中的应用 ……050
第三节　信息技术"赋能"教学创新的机遇与挑战 ……055

第三章　信息技术"赋能"高中英语教学创新的基础研究 ……060
第一节　信息技术"赋能"高中英语教学创新的必要性 ……060
第二节　信息技术"赋能"高中英语教学创新的可行性 ……065
第三节　信息技术"赋能"高中英语教学创新的侧重点 ……071

第四章　信息技术"赋能"高中英语教学创新的理论支撑 ……077
第一节　"以人为本"教育思想 ……077
第二节　认知主义理论 ……089
第三节　建构主义理论 ……093
第四节　混合学习理论 ……105

第五章　信息技术"赋能"高中英语教学模式和评价体系的创新 ……112
第一节　高中英语数字化教学资源的构建与应用 ……112
第二节　信息技术"赋能"高中英语教学模式的创新 ……117
第三节　信息技术"赋能"高中英语评价体系的创新 ……125

第六章　信息技术"赋能"高中英语实践教学创新的路径及课例……131
第一节　信息技术"赋能"高中英语语言知识教学……………131
第二节　信息技术"赋能"高中英语运用能力教学……………145
第三节　信息技术"赋能"高中英语人文素养培育……………159
第四节　信息技术"赋能"高中英语实践教学创新的课例………163

第七章　信息技术"赋能"下学生的发展………………………169
第一节　英语教学中学生思维能力的发展………………………169
第二节　英语教学中学生自主学习能力的培育…………………186
第三节　英语教学中学生的个性发展……………………………192

第八章　信息技术"赋能"下英语教师的专业发展……………196
第一节　英语教师专业发展概述…………………………………196
第二节　英语教师专业发展的内容指向…………………………201
第三节　信息技术"赋能"英语教师专业发展的路径…………217

参考文献………………………………………………………………233

第一章 新课改下高中英语教学概述

第一节 高中英语教学的内涵与特点

一、高中英语教学的内涵

英语作为当今世界普及范围最广、使用国家最多的语言，在世界语言体系中占据着十分重要的地位。在全球化的今天，伴随着我国不断走向世界，英语教学成为中国语言教学体系中重要的组成部分。高中是英语教学的重要阶段，分析高中英语教学的特点，首先要从英语教学的内涵出发，结合高中教学的特点进行分析。

（一）英语教学的内涵

英语教学是指对于英语是或者不是第一语言的人进行教授英语的过程。英语教学涉及多种专业理论知识，包括语言学、第二语言习得、词汇学、句法学、文体学、语料库理论、认知心理学等内容。英语教学并不是简单地培养学生的听说读写能力，而是一个全面、系统地提升学生英语素质的过程。英语教学过程不仅包括具体学科教学中的教学方法、教学质量、教学成果等教学因子，还包括对社会文化、语言习惯、生活方式、民族特性以及思维方式等诸多因素的认知。英语教学的内涵涵盖了对语言、文化、思维习惯及跨文化沟通能力的培养，甚至可以说它是一个跨文化交往的过程，促进了不同背景下学生的全球意识和国际视野的建立。

具体来说，在最基本的层面，英语教学涉及词汇、语法、发音、句型结构等基础知识的教授。学生通过学习这些基础元素，建立起语言的基本框架和语言应用的初步能力。除了基础知识外，英语教学还包括听、说、读、写四项基本技能的培训。教学活动通过模拟真实场景、进行实践练习，使学生能够有效地运用英语进行沟通。同时，语言和文化是紧密相连的，语言是文化的重要载体，因此，英语教学不仅要教授一种语言，还要介绍与之相关的文化背景。通过学习英语，学生能够更深入地了解其他国家的历史、文化、价值观和生活方式。而从目的上来看，随着全球化的进程，跨文化沟通变得日益重要。英语作为全球通用的工作语言，其教学过程自然而然会涉及文化沟通技巧的培养，会面临如何跨文化获取信息与知识、如何避免文化冲突、如何理解和尊重文化差异等问题。

在我国，英语教学作为第二语言习得的过程，具有一定的复杂性，英语教学涉及诸多专业理论知识，包括教育学、语言学、心理学等。同时，许多外部因素也对英语教学有重大的影响，例如，语言学习者的学习动机、语言学习者对英语的态度与认知、学习策略的选择以及语言学习的环境等。这些专业理论知识和外部影响因素遍布在英语教学的整个过程，需要教育者在准确把握的前提下，在实际教学过程中做到理论联系实践，提高英语教学的质量，全方位提升学生的英语水平，以真正达到英语教学的目的。

（二）英语教学的定义

英语教学的本质是一种教育活动。教育活动泛指学校教育活动，其有两个基本构成要素，即教育者与受教育者，体现在我国的英语教学实践中就是英语教师与学生。教学是师生互动的过程，也是教师与学生共同完成学习目标和任务的过程。我们可以从以下四个方面来探寻英语教学的定义。

1. "英语"与"教学"

从词语结构来看,英语教学主要包括"英语"与"教学"两部分内容,其中,"英语"规定了教学内容,"教学"规定了实践形式。作为教学内容,对于我国学生来说,英语学习属于外语学习,具备二语习得的特点。教学则是一种教育实践活动。对于教师来说,教学是指导学生学习的教育活动;对于学生来说,教学是在教师指导下的学习活动。在教学实践中,知识和技能的传递只是冰山一角。更重要的是,学生在掌握这些知识技能的过程中如何发展自己的能力,如何进行心智的塑造,进而形成自己独特的素质与品德。教学是一个动态的过程,是教师教的过程,也是学生学习且在学习过程中全面发展的过程。教师的每个决策和方法的选择,都会影响学生的学习效果。同时,学生的每个回应、每次互动,也都会反过来影响教师的教学策略。在这样的交互中,既有教师的教,也有学生的学,双方的知识与素质结构在这一过程中都在成长和建构。教育是人类有目的的活动,教学是学校教育最主要的教育活动,具有明确的目的,教育旨在传承文化、传递经验,这一目的不是笼统、抽象的,而是具体且明确的。不管是哪一学科、学段,还是具体的某个教材、单元和课文,都有其特定的教学目标。这些目标并不是孤立存在的,它们既有共同之处,也有一定的差异性,共同构成了一个丰富多彩、层次分明的教学目标体系。

英语教学,即"英语"这一教学内容与"教学"这一实践活动在我国育人实践中进行有机结合的教育实践活动,高中英语教学则是将英语教学这一实践与高中阶段教学特征相结合形成的一种教育实践活动。

2. 英语教学具有目的性和阶段性

英语教学几乎伴随我们整个学习生涯,在不同的学习阶段,英语教学匹配不同的教育目标,每个阶段教育目标又根据英语的具体学习内容分为不同领域。比如，小学英语教育处于英语教育的早期阶段，因此语音和听力教学在教学课时中占据较大的比例；而中学阶段强调词汇的掌握和语法的学习，因此听力与口语课程所占比重下降，词汇教学、阅读训练和语法教学在英语教学中所占比重相对提高；大学阶段的英语教学开始重视专业性较强的文章阅读训练以及英语长文章写作训练。

3. 英语教学是一项系统的工程

由于语言和文化的差异，英语教学与其他学科教学相比有其特殊性，我国的教育部门根据英语学科的特点不断修改和完善英语教学大纲，教研部门和学校也根据自身英语教学的实际情况不断调整教学计划与方案，在不同的学习阶段，针对英语不同的学习内容分别制定针对性的教学方案。

4. 英语教学对教育方法和教学辅助技术的要求较高

第二语言习得本身就是一门历史悠久的学问，我国英语教育也有较长的发展历史，通过综合国内外的教育经验，形成了大量有效的英语教学方法，这些教学方法各有优劣，需要英语教育工作者进行全面综合的研判，以选择最适合学生的教学方法。

不同于其他学科的教学，英语教学需要大量设备和技术的辅助，例如，多媒体教室、语音教室、视听型教具、英语教学软件等。这些硬件设施对于提升学生英语综合素质、提高学生的英语成绩、增强学生英语学习的主动性、减轻教师的教学压力等具有重要作用。

综上所述，我们可以这样定义英语教学：英语教学是在一个系统的教育框架内，教师根据一定的教学目的和教学目标，通过科学的教育方法和相关辅助工具，促进学生英语综合素质提升的教育活动。

（三）高中英语教学的重要性

1. 提升跨语言交流能力

英语是一门国际通用的语言。随着全球化的发展，英语已成为全球重要的交流工具之一。无论是在学术领域、商业领域，还是在国际交往中，英语都扮演着重要的角色。掌握英语知识和技能可以促使学生更好地与世界各地的人进行交流，扩大他们的视野，提高他们的交际能力。

2. 为大学及之后的学习与生活实践打下良好的基础

大学阶段的很多科学和技术课程使用英语作为教学语言。此外，大量的学术文献和研究成果均以英文发布。因此，精通英语有助于学生更好地理解和掌握这些课程的核心知识，高中英语教学能够夯实学生的英语基础，提升学生的英语能力，为大学期间学生的专业发展打下坚实的基础。同时，高中英语教学注重对学生逻辑性和条理性的培养，学生在学习如何组织文章、如何清晰表达观点的过程中，其逻辑思维和表达能力也得到了相应提高。这种能力将有助于他们在大学及之后的生活和工作中，更好地进行沟通、解决问题和进行团队合作。

3. 综合语言能力的提升

高中英语教学不仅注重词汇和语法，还注重听、说、读、写四种能力的培养。这样的全面学习对于提高学生的语言表达、沟通、阅读理解和写作能力都起到了至关重要的作用。

4. 跨文化意识的培养

在高中英语教学中，除了基础的语言技能外，学生还接触到英语背后的文化、习俗和思维方式。这种文化的沉浸让学生更加尊重和理解其他文化的差异，培养他们的国际视野，为未来在全球化背景下的国际交流与合作实践做好准备。

二、高中英语教学的特点

高中英语教学具有一系列显著的特点，其中既有其形成与发展中体现出的特点，也有与初中英语教学比较而来的特征，高中英语教学的特点主要包括以下几点，具体内容如图1-1所示。

```
                    ┌─ 词汇量增加
                    ├─ 语法结构复杂
              难度提升├─ 阅读材料深入
                    ├─ 写作要求提高
                    ├─ 口语交流深入
                    └─ 文化知识拓展

                    ┌─ 发展历程坎坷
              发展性 ├─ 教学体系不断发展
高中英语教学的特点       └─ 教学资料始终处于完善之中

                    ┌─ 教育学与英语教学
              涉及多种学科├─ 语言学与英语教学
                    └─ 社会学与英语教学

                    ┌─ 教学以实践为出发点
              实践性强├─ 教学以服务实践为目标
                    ├─ 教学方法实践性强
                    └─ 教学内容具有实践性
```

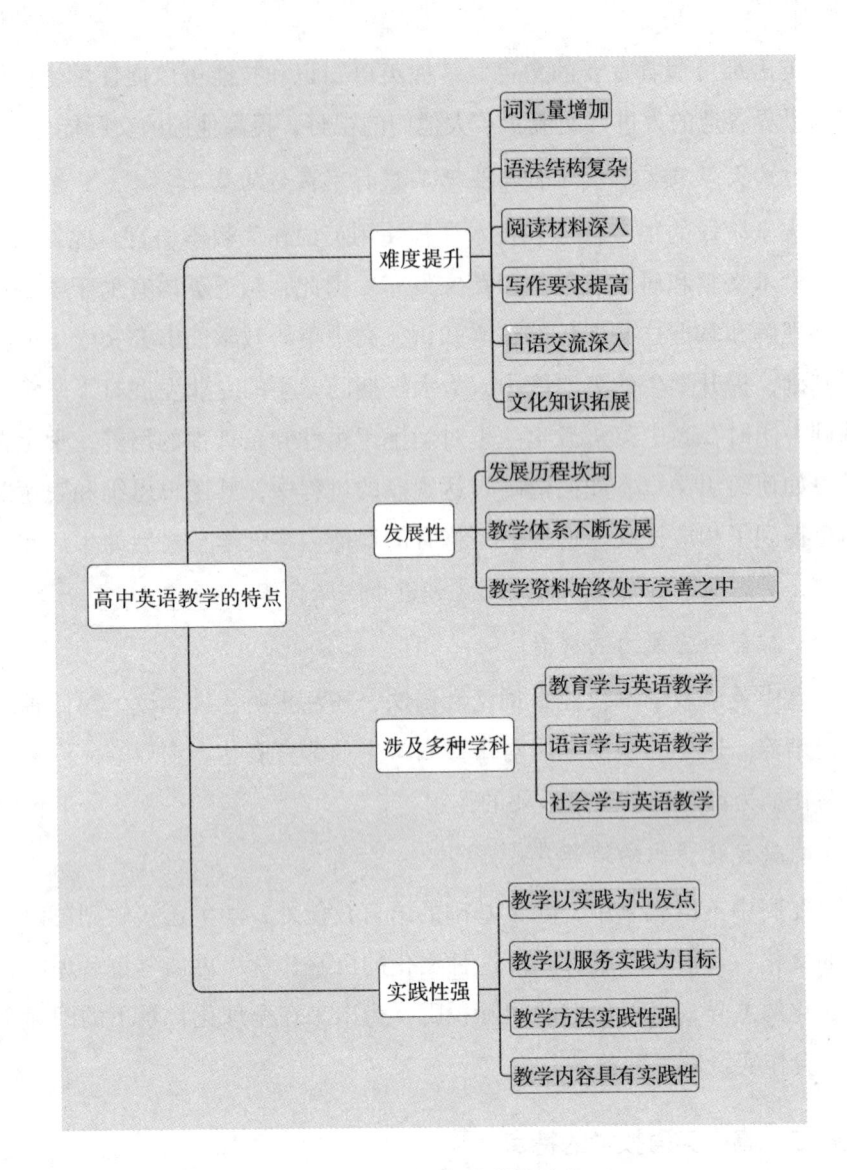

图 1-1 高中英语教学的特点

（一）难度提升

1. 词汇量增加

高中英语教学的深度和广度要求学生掌握更丰富的词汇，与初中阶段英语相比，高中阶段英语的词汇不仅在数量上有显著增长，而且在种类与使用场合上也更丰富和多样。特别是一些高级和学术性的词汇，虽然这些词汇在日常生活中不太常用，但在学术研究、文章阅读和论文写作等方面是不可或缺的，这旨在为大学及之后的专业学习打下基础。除了词汇的单纯记忆外，高中英语教学还强调词汇的实际应用和语境中的准确运用，鼓励学生通过多种途径，如阅读、写作和口头交流，加深学生对这些词汇的理解和掌握。这不仅提高了学生的语言表达能力，还为他们未来的学术研究和国际交往提供了必要的词汇支持。

2.语法结构复杂

相比于中小学阶段，高中英语教学的语法内容明显更加复杂，会涉及难度更高的语法，也体现了英语的丰富性和多样性。与初中的基础语法相比，高中英语涉及的语法结构更复杂，例如，虚拟语气、分词、定语从句的深入学习等。这些高级语法结构允许学生进行更复杂和精确的表达，提高了他们的语言灵活性和准确度。同时，这些复杂的语法结构也反映了英语在不同语境中的逻辑关系和语义丰富性。通过深入学习这些结构，学生可以更好地理解和分析英文文本，提高他们的阅读和写作能力。此外，这些复杂的语法结构为学生提供了多种语言工具，使他们能够在口头和书面表达中更加流利且具有说服力。掌握这些高级语法结构能帮助学生应对各种英语考试，也能为他们在大学和职业生涯中的英语应用奠定坚实的基础。

3.阅读材料深入

相较于初中阶段，高中阶段的阅读材料明显加长，并涉及更复杂和多样的内容。这些材料可能探讨文化、历史、科学、社会等多个领域的议题，从而让学生接触到更宽广的知识领域。这样一来，就可以使学生在初中英语的基础上培养跨文化理解和批判性思考能力，让他们能够从不同的角度分析和解读信息。同时，随着阅读内容的深入，学生需要掌握的词汇量会增加，语法结构会更复杂，对他们的语言能力也提出了更高的要求。高中阶段这种挑战性的阅读教学不仅有助于拓展学生的知识面，还可以锻炼他们的阅读策略，如快速浏览、深入阅读和判断主旨。

4. 写作要求提高

在高中阶段，英语写作的要求远超初中阶段。与初中的叙述和描述性写作相比，高中英语写作对于论证的深度和广度都有更高的要求。学生不仅需要写出结构清晰、连贯一致的段落，还需要具备论述、辩论和批评性写作的能力。这意味着学生需要学会如何提出观点、如何用事实和逻辑来支持自己的观点，以及如何对其他观点进行批判性分析。此外，高中英语写作还要求学生能够使用恰当的论证策略，如对比、因果关系和例证等，以增强论述的说服力。同时，对于语言的准确性、词汇的丰富度和句子结构的复杂性都有更高的要求。这样的写作训练既能有效提高学生的英语书面表达能力，也能锻炼他们的逻辑思维、批判性思考和组织结构能力。

5. 口语交流深入

高中阶段对于学生英语口语交流水平的要求超越了简单的日常对话和基础句型。在高中阶段，英语教学会鼓励学生进行更深入和多层次的交流。辩论成为一种重要的训练方式，要求学生不仅要有明确的观点，还要提供有力论据来支撑自己的观点，并且有能力对反对意见进行有条理的反驳。报告和演讲则要求学生进行深入的研究与整理，形成连贯、系统的内容，并能够自信、清晰地向听众展现。这不仅锻炼了学生的口语表达能力，还培养了他们的组织思维和批判性思考能力。同时，高中口语交流还可能涉及跨文化交际的能力培养，如理解不同文化背景下的沟通习惯和礼仪，以及如何在多元文化环境中进行有效沟通。此外，为了更好地模拟真实的交际情境，教师可能会引入多媒体、视频和网络资源，让学生与国外的同龄人进行实时互动，进一步增强口语交流的真实性和实践性。

6. 文化知识拓展

在高中英语教学中，对英语国家的文化、历史和社会风貌的学习不再局限于简单的风俗与习惯，而是进一步深入历史背景、文化传统、社会变迁等多个维度。学生可能会接触到英国的文艺复兴、美国的民权运动、澳大利亚的土著文化等内容，这样可以使学生更全面地理解英语背后的文化语境，提高其跨文化交流能力。同时，这种深入的文化学习也有助于培养学生的批判性思维，使学生在面对多元的文化观点时能够独立思考、比较和评估，从而形成自己的文化见解和价值判断。

（二）发展性

相较于中国教育体系中其他学科的发展历史，英语还是一个相对"年轻"的学科，无论是知识体系、学科建设，还是教育模式，都处在不断发展的过程中。作为英语培养体系的核心组成部分，英语教学也是在探索中不断发展的。

我国英语教学的历史不算短，早在鸦片战争前后，在外国传教士创办的教会学校就已经开始教授英语知识。随着国门的洞开和洋务运动的开展，清政府更是创办了以英语教学为主、培养外语人才的京师同文馆。但是，英语教学作为一门科学，在我国的发展相对比较缓慢，这是由多方面原因造成的。

1. 发展历程坎坷

自英语教学在我国出现以来，其发展历程始终充满坎坷。我国近代以前的英语教学，仅仅处于英语教育的萌芽状态，从民间教材到教会学校，无论是英语教学的内容还是规模都停留在初级阶段，并没有形成完整的教育体系。

鸦片战争的失败击碎了清政府天朝上国的美梦和闭关锁国的政策，

西学东渐的思想开始被越来越多的人所认同，而之后洋务运动的开展在很大程度上推动了中国英语教学的发展，西式学堂在全国各地开始陆续出现，英语人才的培养成为学习西方先进技术的关键环节。虽然此时的英语教学发展迅速，但其面对的仍然是小众人群和部分精英知识分子。1903年，张之洞等修订了《奏定学堂章程》，该章程正式提出要在学校开设外语课程，我国大中学校随即开始普遍进行英语教育，而此时距19世纪初英语教育通过外国传教士进入我国已经过去了将近一个世纪，不可谓不漫长。[①]

随后，中国的英语教育进入了一个稳步发展的时期，英语教育开始逐步向全国范围内的中小学推广。特别是，在"中华民国"成立之初，教育部颁布的"壬子学制"规定在条件允许的地区，从小学开始就需要开展英语教学，并且将英语确定为中学的必修课程。从1922年开始，到1949年中华人民共和国成立，英语教育整体发展是较为平缓的，没有太大的变化，即便是这样，依然培养了许多优秀的英语人才，为新中国的英语教育提供了一定的发展经验。

中华人民共和国成立以来，我国英语教育的发展经历了低谷与高潮，在特定历史时期因复杂的国际国内形势而导致发展受限，改革开放之后又迎来了蓬勃发展，随着新时代的到来，英语教学的重要性不断提升。

综上所述，英语教育在我国的发展并不是一帆风顺的，英语教学的发展既受国际政治形势的影响，又受国内教育政策的影响，还受社会思潮的影响。因此，虽然英语教学传入我国的时间不晚，但发展过程充满曲折，发展进程较为缓慢。

2. 教学体系不断发展

从广义上讲，英语教学体系包括英语教学的目标、英语教学的内容、

---

① 郭培霞.大学英语教学的历史沿革和现实挑战[J].开封教育学院学报，2008（2）：67-68.

英语教学的方式方法、英语教学的评价体系等方面。

我国英语教学在教学体系上存在的问题主要集中在初、高中教育阶段。在传统的英语教育理念下，中学英语教学通常将课本知识的传授与考试题型的训练作为教学的主要内容，目的是取得更好的考试成绩。这样的教学模式对于学生巩固基础知识、打牢英语基础是有利的，但是也存在诸多弊端，比如，降低学生英语学习的积极性、忽视学生英语综合能力的提升。虽然以倡导学生英语素质全面发展为特征的新英语教育理念在师生中得到了广泛认同，也被多次运用于英语教学的实践当中，但由于受到种种因素的制约，新英语教育理念在部分学校很难真正实行开来，在绝大多数的英语课堂上，传统的教学模式仍旧占据着主导地位。

英语教学评价体系对英语教学的方式方法具有重要的导向和监控作用，评价的目的和方式也对英语教学具有至关重要的影响。传统英语教学评价体系以学生的考试成绩为主要参考，以学生考试成绩的高低来评价教师教学质量的优劣，教师也会通过考试成绩来考查学生的学习效果。这种传统英语教学评价体系有其自身的优势，即评价结果直观、评价过程公平、评价标准统一，且有利于学生在之后英语考核中的发挥。但在这种评价体系下，无论是教师还是学生，都很难在英语教学中充分发挥主观能动性，只能被动地在传统英语教学评价体系的框架内教与学。

任何单一的教学评价体系都难以对教学过程进行全面、科学、准确的评价。因此，我们应该尽量采用多元评价方式，不仅要对学生英语学习的成果进行考核，也要考查学生英语学习的过程，将传统与现代英语教学评价方式相结合，兼收并蓄，取其精华。努力在保证学生英语基础知识掌握牢固的前提下，全面提升自身的英语素质。而这种科学合理的英语教学多元评价体系的构建与实施，还需要我们不断去探索。

3. 教学资料始终处于完善之中

英语教材作为英语教学的关键道具，也是英语教学体系中不可忽视的一环。目前，国内外的英语教材在结构和内容上均有较大差异，英语教育工作者在教材选取方面存在一定的困难。因此，在教材编写和选取上，我们的英语教育工作者和相关部门要不断地对其进行完善。

英语教学是发展中的学科，既说明英语教学目前尚处发展之中，也说明英语教学发展具有较强的发展潜力和很大的发展空间。既然是发展中的学科，那么在学科建设上的桎梏自然就少，还存在广阔的探索空间，学科教学的模式也可以在教学实践中不断改进，且不用担心会对英语教学产生太大的影响。

（三）涉及多种学科

英语教学属于外语教学，而外语教学是一个典型的多边缘学科，由于其自身的特性，与众多其他学科联系密切，比如，教育学、心理学、哲学、社会学等。

1. 教育学与英语教学

英语教学属于教育学的范畴，教育学是研究人类教育一般规律的学科，教学本身就是教育学研究的主要内容之一，英语教学也是教育学中课程与教学论的重要组成部分。教育学中对教育原则、教育内容、教育方法的阐释对于英语教学具有指导作用，且能被运用到英语的实践教学当中。可以说，教育学是与英语教学联系最紧密的学科之一。

教育学对于英语教学内容的确定以及英语教学方法的选择有重要指导作用。教育学要求教育要促进学生的全面发展以适应社会的不断进步，其中包含两个要素：其一，教育要达到促进学生全面发展的目的；其二，教育应该适应社会发展的需求。由此可见，社会需求是影响学生培养的重要因素。英语教育工作者在实践教学中，应根据社会发展的需求，结合学生自身的特点、年龄结构和心理状态等因素，确定合理的教学内容，选择合适的教学方法。

教育学对于英语教学中教师与学生之间的关系和互动具有理论指导作用。在英语教学过程中，教师首先要明确自己和学生分别扮演着什么角色。教育学强调在教学实践中"教师是主导，学生是主体"，这个理论普遍适用于多种学科的教学之中，英语教学也不例外。在教学过程中，教师应该充分发挥主导作用，引导作为教学活动主体的学生进行英语学习。摆正师生之间的关系，明确教师与学生不同的作用，有利于营造一个和谐的课堂学习氛围，使学生英语学习的积极性与主动性得到充分发挥。

教育学对于英语教学的进一步发展有启发作用。教育学站在一个宏观层面审视具体的学科教学，为学科教学提供科学的理论指导，保证其不偏离教育的发展方向。同时，教育学本身的发展也为具体学科教学的发展提供了新思路。比如，《现代教育学》中对于文化教学和课外教育活动的论述，阐释了文化教学在教学中的重要性，强调了课外教育活动的作用，这两个方面在我国的英语教学中均需要完善和提高，这体现了教育学对于英语教学实践具有重要的启发和指导作用。[①]

教育学除了对英语教学理论和英语教学过程有重要的指导作用以外，其具体的分析方法还可以运用到英语评价体系的完善、英语教学数据的测量分析和英语教学效果的提升等方面。可以说，在英语教学实践的整个过程之中，都有教育学的内容在其中发挥作用。

2.语言学与英语教学

语言学的研究对象是语言系统，主要由语言科学和语言研究两大部分构成，研究内容包括人类语言的结构、语言的历史发展、语言的运用、语言的社会功能等与语言相关的问题。

语言学研究的是人类语言系统，英语教学研究的是一门语言的学习，两者的研究对象均为语言，自然在研究内容、研究方法和研究成果等方面有着密切联系。

---

① 黄娟.英语教学理论体系建构与实际应用研究[M].长春：吉林人民出版社，2019：3-4.

语言学的基本理论对人类语言的一般特点进行了详细的剖析和研究，并从不同角度深入分析了人类对于语言的态度以及不同文化体系下人类的语言观。在不同的社会发展阶段，人类的语言观以及人们对社会认识的不同导致人们根据特定的社会发展需求构建语言教学的模式。该理论同样可以解释我国不同历史时期英语教学模式的不同选择，同时，通过分析英语教学模式的历史发展经验，可以为我国英语教学模式的选择和优化提供重要参考。

除了语言学的基本理论外，语言学的许多分支学科对于英语教学也有着不同程度的影响。

认知语言学是语言学中认可度较高的分支学科，其研究重点是人类的认知在语言学习过程中的重要作用。近年来，认知语言学在我国的外语教学实践中得到了广泛应用。认知语言学认为，语言学习者对于自己长期生活的环境当中的社会实践和社会文化的认知，将在很大程度上影响自身对于外语的理解。认知语言学强调学习者对于英语的理解、体验、感受以及使用，在英语教学过程中可以将认知语言学与英语教学有机融合，从而帮助英语学习者将自身认知经验与英语语言学习相结合，引导学生发现母语与英语之间的联系，减少英语学习的难度。[1]

包含第二语言教学的应用语言学，能够让学生对英语教学有一个更加全面且深入的认识，帮助学生探索英语语言的本质。应用语言学对于明确中国英语教学安排具有重要意义，应用语言学强调的是以学生的具体学习目标为教学导向，制订合理的教学计划和教学方案，重视英语教学过程的科学性。

语料库语言学是以语料库为基础对语言知识进行研究的一门科学，作为语言学体系中的后起之秀，它同样为英语教学提供了较为新颖的方法论支持，丰富了英语教学的理念。语料库教学可以帮助学生进一步理

---

[1] 王二丽. 英语教学论[M]. 北京：新华出版社，2018：5-6.

解词汇和句式在实际交流中的用法，而不是停留在单词背诵和固定句式记忆层面。语料库可以丰富英语教学的内容，为英语课堂教学注入新的活力，建立自主性强的学习模式，提升学生对于英语学习的兴趣，有效改善我国英语教学的现状。目前，语料库语言学在英语教学中的应用还处于探索阶段，有着广阔的发展前景。

3. 社会学与英语教学

语言的内容、形式、结构伴随着人类社会的产生与发展不断变化和完善，语言与社会之间的关系密不可分，作为语言学的重要分支，社会语言学就是从这个角度出发，综合了社会学和语言学的理论知识，强调语言的社会性，探讨语言与社会环境之间的诸多关联因素。

社会语言学注重对学生进行交际能力的培养，这一点在交际教学法中得到了充分体现。交际教学法将教学重点放在了语言交际能力的培养中，鼓励教学与实践相结合，为学生创造良好的语言交际氛围，让学生在学习过程中更多地参与到真实的交际环境中，从而提升自身的语言运用能力。

我们可以在英语教学过程中探寻中西方文化的差异。语言是文化的载体，不同国家、不同民族、不同地域的文化特点可以通过语言表现出来。比如，在价值观方面，东方重视整体，西方重视个体，这在东西方人们的名字结构中就有所表现。在中国人的名字中，姓在名之前，先表达自身属于的家族群体，再体现自己的名字。而在西方，名则在姓之前，先体现自己，再体现所属群体。类似的例子还有很多，除了价值观差异外，中西方文化在生活习惯、交流方式、文化传统、艺术表达等诸多文化领域皆存在不同，也正是这些文化差异，使得世界文化丰富多彩。

美国社会语言学家海姆斯认为，语言的交际能力主要包括两个方面的内容：一是语法性，即语言的运用需要合乎语法，以保证语言的准确性和规范性；二是可接受性，即语言表达在文化领域的可行性，语言使用是否得体，是否符合交际所处的文化环境。因此，语言教学不能脱离其相对应的文化环境，否则语言学习只能停留在语言的工具性层面，很难真正达到教学目的。

我们在英语教学过程中，通过对比了解不同文化之间的差异，是为了通过英语教学丰富自己的文化知识，抱着尊重与沟通的态度对待其他民族文化，从而全面提升我们的英语文化素质。

（四）实践性强

英语教学具有很强的实践性，因为它需要对于我国的英语实践教学活动起到指导作用，所以必须是具体的、科学的、能运用于实践的。

1. 教学以实践为出发点

英语教学的实践性表现在它需要对英语教学实践的各个环节进行理论指导，并提供具体的方法论。英语教学要面向实际，解决实际英语教学过程中遇到的种种问题。我国的英语教学面临诸多问题，英语教学的主要任务就是为问题的解决提供理论与实践指导，端正教师的教学态度与学生的学习态度，探寻科学的教学模式。

2. 教学以服务实践为目标

英语教学的实践性强还表现在它需要站在一定高度审视英语教育的整体发展，引领中国英语教育的发展方向。英语教育的目的是为国家和社会培养高质量的英语人才，并促进学生的全面发展。因此，英语教学需要明确英语教学的原则、主要任务和目标，并以此为依据不断完善英语教学体系。

3. 教学方法实践性强

英语教学在现代教育理念和技术进步的双重驱动下，正逐渐表现出其"教学方法实践性强"的显著特点。这种实践性不仅有助于提高学生的英语应用能力，还有助于学生跳出课堂的束缚，更好地融入真实的语言环境。比如，在高中英语教学中，为了使学生深入体验和应用英语，教育者将真实情景模拟与技术整合结合起来，通过模拟真实的日常交流场景，学生得以在接近实际的环境中练习和使用英语。与此同时，技术的应用，如网络和多媒体工具，进一步丰富了教学内容，为学生提供了与真实情境相接近的互动机会，强化了教学的实践性。这种实践导向的教学方法不仅提高了学生的参与度，还有助于他们更加有效地掌握和应用所学知识。

4.教学内容具有实践性

高中英语的教学内容具有较强的实践性，这是因为它不仅重点教授语法和词汇知识，还强调与真实生活情境相结合的应用技能。课程中的听、说、读、写活动，以及与真实文化和社交情境相结合的模块，不仅可以使学生在学习过程中积累知识，还有助于学生在真实环境中流利、准确地使用英语进行沟通。

第二节　高中英语教学的内容与方法

一、高中英语教学的内容

高中英语教学的内容无论是在深度还是在广度上都比初中英语教学有了很大程度的提升，高中英语教学的内容主要包括以下几个方面，具体内容如图1-2所示。

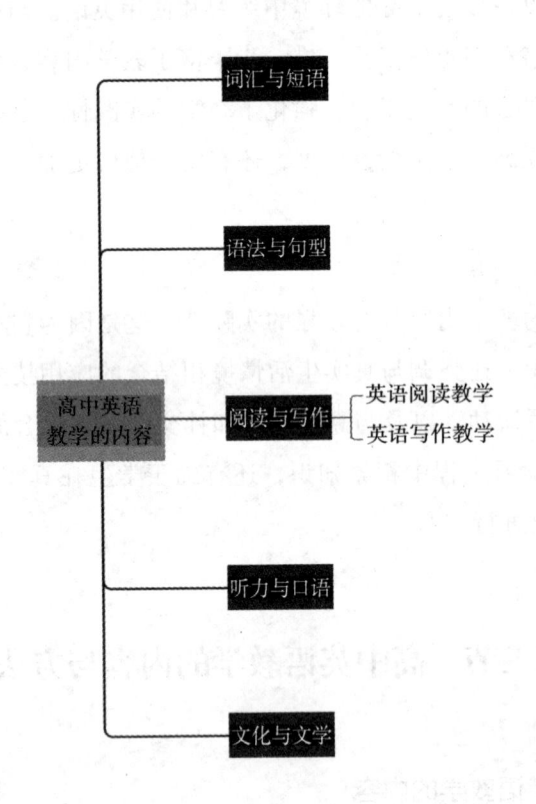

```
                    ┌─ 词汇与短语
                    │
                    ├─ 语法与句型
                    │
高中英语              │              ┌─ 英语阅读教学
教学的内容  ─────────┼─ 阅读与写作 ─┤
                    │              └─ 英语写作教学
                    │
                    ├─ 听力与口语
                    │
                    └─ 文化与文学
```

图 1-2 高中英语教学的内容

（一）词汇与短语

英语词汇在整个语言学习过程中占据着举足轻重的位置。扩大词汇量不仅是提高英语水平的关键，还是提升学生沟通能力、阅读能力和写作能力的核心。词汇作为语言的基石，无论是在日常对话还是在正式的书面表达中，都起着至关重要的作用。因此，在高中英语教学中，对词汇的系统学习和运用尤为关键。

学习词汇的基本构成是掌握单词的第一步，它为学生提供了一个坚实的英语词汇基础。词汇的构成，尤其是前缀、后缀和词缀的知识，是学生解码和构建新词的关键。这些小小的词元在语言中起着至关重要的作用，它们可以改变一个单词的意义，或是为已有的意义添加额外的细节和深度。在高中英语词汇教学中，学生通过对前缀和后缀的学习，不仅能更快速地扩展自己的词汇量，而且能更加自信地面对陌生的词汇，因为他们已经掌握了推断其意义的方法。这种构词能力将伴随学生的英语学习之旅，无论学生在学术阅读中遇到多么复杂的文本都能够轻松应对。对词汇构成的深入理解将使学生更敏感于语言的细微差异。这不仅能帮助学生更准确地选择和使用词汇，也能进一步培养学生对语言的敏感度和欣赏能力。此外，这种深入的学习方法还可以培养学生的批判性思维，使他们更主动地思考和质疑，而不仅仅是机械地记忆。学习词汇的基本构成不仅仅是一个简单的记忆过程，更是一次对语言深度和广度的探索，一个培养学生终身学习和批判性思维的机会。这样的学习方式不仅为学生的未来英语学习打下了坚实基础，而且为他们提供了一个更广阔的世界观和思考方式。

在高中英语教学中，基础词汇、短语的扩充和学术词汇的深入学习构成了最基础的英语教学内容。基础词汇的扩充不仅是对初中阶段词汇学习的有机延续，还是对所学词汇与短语知识的进一步深化和巩固。随着学生英语基础的逐步稳固，他们对日常生活、环境和情境的描述也会变得更丰富和准确。这些词汇，从基本的日常用语扩展到更加抽象的概念描述，为学生搭建了一座跨越英语学习各个阶段的坚实桥梁，使他们在实际交流中更加游刃有余。与此同时，为了更好地为大学及未来的学术研究做准备，高中生还需要深入学习学术词汇和短语。这些词汇和短语的内容与结构往往更复杂、更抽象，会涉及多个领域的专业知识，包括但不限于文学、历史、科学、艺术等。对于学生来说，这不仅意味着能够更流畅地阅读学术文献，更重要的是，他们能够在学术写作、报告和研究中，准确、专业地表达自己的观点和发现，从而提高自己的学术素养和研究能力。这也有助于学生从基础英语知识的学习慢慢向更高层次、更深入的学术英语研究过渡，从而为他们未来在各个领域中展翅翱翔打下坚实的基础。

（二）语法与句型

英语语法是通过对英语语言的研究，总结归纳出的一系列语言规则。英语语法的精髓在于掌握语言的使用。学习英语语法不仅是掌握英语的基石，而且是确保语言的准确性和流畅性的关键。通过深入理解句子结构、时态、名词、动词以及其他复杂的语法概念，学生能够更有效地传达他们的思想和情感。此外，对语法的精熟掌握也为学生在更高级别的阅读和写作活动中建立坚实的基础，从而使他们在学术与日常交流中能更自信和得体地使用英语。

语法与句型在高中英语教学中占据着核心地位，为学生的英语表达能力和理解能力提供支撑。具体到实践教学之中，语法与句型的教学包括基础语法、高级语法以及句型。基础语法的复习不仅是对初中阶段所学内容的回顾和巩固，也为接下来的高级语法学习做了铺垫。这样的复习并不仅仅是为了让学生记住英语语言的规则，更重要的是让他们能够灵活运用，使之成为学生在英语沟通中的自然反应。高级语法的教学则更加注重学生对于英语的运用能力，高级语法教学的目的是使学生的英语表达更丰富和精确。比如，虚拟语气让学生能够表达与现实不同的假设情况，从而增加了他们的表达深度；定语从句则为学生提供了一种描述和修饰名词的方法，使他们的句子更细致；而分词结构的学习，无疑是为了使学生的句子更具连贯性和流畅性。句型练习在高中英语教学中是一个层次分明且持续深化的过程，也是对语法进行综合运用的过程，它涵盖从简单句到复合句，再到复杂句的全面学习。简单句作为英语表达的基石，能够使学生清晰、简练地传达核心信息，它是每个英语学习者最初且最直接的交流工具。但为了应对更加复杂、多变的沟通场景，单纯依赖简单句显然是不够的。这时，复合句和复杂句的重要性便凸显出来。复合句，通过并列、转折等方式，能够将两个或多个简单句连接起来，使语言表达更连贯；而复杂句则通过主从关系使学生能够在一个句子中呈现更丰富的信息和逻辑关系。随着学生对各种句型的掌握，他们的英语表达逐渐从"点"与"线"的简单描述扩展到"面"与"体"的多维展现。这种深度和广度的提升，不仅体现在写作上，同样也会影响学生的口语交流。可以说，通过对复合句和复杂句的练习，学生能够更流利且准确地阐述自己的观点，展现更高层次的批判性思维和逻辑推理能力。这种逐渐深化的句型练习也对学生的阅读理解能力起到很好的促进作用。在阅读英文材料时，能够理解并分析句子的结构和逻辑关系，是提取关键信息、捕捉作者观点的关键。通过对各种句型的熟悉和练习，学生更容易跟随作者的思路，准确、深入地挖掘文章的深层含义，从而提高自身的综合语言应用能力。

（三）阅读与写作

1. 英语阅读教学

英语阅读教学不仅仅是简单教授学生阅读的过程，更是引导学生进行复杂信息处理、解码和理解的活动。通过阅读，学生能够接触到英语的真实应用，理解语境中词汇和语法结构的使用，同时培养他们的跨文化意识和全球视野。对于高中生来说，学习阅读的目标不仅是理解文章内容，更重要的是将平时学习的词汇与语法知识放入实践中进行检验，同时培养自身的批判性思维和分析能力。通过对不同类型文章的深入探讨，学生将学会如何辨识文章的结构、挖掘其深层的含义、分析作者的观点和态度，以及评估信息的准确性和可靠性。这样的能力不仅对学生日后进行学术研究具有重要作用，还对他们未来在社会中的沟通和交往具有实际意义。此外，英语阅读教学还能够帮助学生建立一个更系统的语言知识体系。通过不断地阅读，学生可以自然地吸收并积累大量的词汇和语法知识，进而形成一个丰富且有序的语言库。这种自然习得的知识更加稳固，能够为学生的长期发展奠定坚实的基础。

英语阅读教学的内容包括以提升学生阅读理解能力、分析思考能力为目的的各项阅读技能，具体来说，主要包括以下几个方面。

（1）单词辨认能力。

（2）陌生词汇含义的推测能力。

（3）文章指示词语的辨认能力。

（4）文章衔接词汇的辨认能力。

（5）根据衔接词汇以及过渡语段掌握文章结构的能力。

（6）句子间关系的理解能力。

（7）理解文章中语句的交际意义。

（8）文章观点的获取能力。

（9）文章主要信息的总结能力。

（10）根据文章细节理解主题。

（11）培养分析能力与推理技巧。

（12）培养跳读技巧。

2. 英语写作教学

英语写作是高中英语教学中至关重要的组成部分，它不仅测试学生的语言运用能力，还锻炼他们的思考和组织结构的能力。写作不仅是将思绪转化为文字的过程，也是一种清晰且有条理地传递信息和观点的技能。英语写作教学能够帮助学生更好地将理论联系实际，学习如何使用正确的语法和词汇，但学生在高中阶段需要掌握的写作技巧不仅限于语法和词汇应用，还需要学会如何构建论点，如何组织段落，如何确保文章的连贯性和一致性，以及如何调整语言风格以适应不同场合以及不同读者的需求。

随着全球化进程的不断深化发展，学生无论是在学习中还是在未来的工作中都要进行英语写作或者通过英语写作进行交流。因此，掌握如何撰写电子邮件、商务邮件等实用文本至关重要。这些实用文本不仅要求学生能够使用规范的语言，还要求他们掌握一定的沟通策略和礼仪，确保信息能够准确、高效地传递给对方。在这个过程中，学生不仅可以加深对英语语言的理解，还可以培养自身的跨文化沟通能力和社会实践能力。

（四）听力与口语

英语教学最终的目的是提升学生的语言运用能力与跨文化交流能力，因此，能不能听懂英语，能不能将自己的意图用英语表达出来至关重要。

听、说、读、写是语言学习中的四项基本技能，学生对于这些技能的获得须按照一定的顺序。"听"是最基本也是最重要的技能。英语听力是英语学习的基石之一，它关联着语言输入的过程，对于学生形成完整、真实的语言感知有着至关重要的作用。在高中阶段，随着学生英语基础的加深和对外部信息需求的增长，听力材料的来源和种类也应随之丰富与扩大。不仅仅包括课堂录音、视频等一系列的听力材料，更包括实际生活中的英语广播、电视节目、电影等。这样的多元化听力输入旨在培养学生对于不同语境、口音和语速的适应性。

在高中英语听力教学中，学生学习如何听懂英语并不是一个被动学习的过程，而是需要学生主动进行策略性的操作。比如预测内容，学生可以通过标题、图片或开篇建立初步的语境框架，从而更迅速地进入听力的主题。注意上下文意味着在遇到不熟悉的词汇或表达时，学生能够利用已知信息进行合理的推测。而听取重点则需要学生对信息进行筛选和判断，确保他们能够捕捉到听力中的核心内容。

在高中阶段，随着学生英语水平的不断提高，他们的口语需求也逐渐从基本的日常交流转向更复杂、更深入的主题讨论。因此，除了表达自己的观点和情感外，高中生还需要学会如何进行有深度的讨论、如何进行逻辑推理以及如何有效地与他人合作。与此同时，学习流利地说英语并不仅仅是为了满足应试的需要。流利的口语表达意味着学生可以更自信地在多种场合中使用英语，无论是在国际交流、未来的学术研究中，还是在职业生涯中。还要注意的一点是，这种流利不只是语速的快慢，更重要的是语言的连贯性、准确性以及与听众之间的互动性。而正确的语法和词汇使用在口语中尤为重要。一个小小的语法错误或者词汇的误用都可能导致沟通的障碍或者误解。因此，高中英语教学中强调学生在口语表达中不仅要追求流利，还要追求准确。这样的训练不仅能够帮助学生打下坚实的英语基础，还有助于培养他们的批判性思维和独立表达能力。

（五）文化与文学

英语文化教学不仅仅是介绍一门语言的背景，它是一个完整、多维度的体系，涵盖了历史、文学、艺术、社会习俗、信仰、价值观等多个方面。在高中阶段，对英语文化的学习将为学生打开一个全新的视角，使他们能够更加深入地理解英语这一门语言背后的丰富内涵。

语言与文化之间有着密不可分的联系。例如，英语中的许多习语、谚语和表达方式都源于英语文化的特定历史事件或日常实践，而这些又往往与英语国家的地理环境、社会结构、宗教信仰等紧密相关。通过对英语文化的学习，学生也能够更好地认识到自己的文化和英语文化之间的异同。这不仅可以帮助他们更准确地用英语表达自己的文化，还可以加深他们对外部世界的了解和认识。在这个过程中，学生还会学到如何避免文化误解，如何进行跨文化交流，以及如何建立跨文化的友谊和合作。对英语文化的学习还可以培养学生的全球视野和国际化思维。在全球化的时代，与来自不同文化背景的人进行交往和合作已经成为日常生活的一部分。因此，拥有跨文化交流的能力和敏感性将为学生未来的学习生活与职业生涯带来无尽的益处。

学生从高中开始接触英语文学的学习，文学作品是文化的重要载体，凝聚着一个文化体系的人文精神，当学生深入学习经典短篇、诗歌和戏剧片段时，实际上是在探索人类的情感、思想和价值观。这些文学作品是人类智慧、情感和创造力的结晶，它们揭示了生活的真谛，也对学生的思维方式和人生观念产生了深远影响。我们深入经典短篇、诗歌和戏剧片段，实际上是在探索人类的情感、思考和价值观。同时，文学作品中丰富的人物形象和情节发展也为学生提供了极好的语言学习素材。他们可以从中学习到丰富的词汇、句型和修辞手法，也可以锻炼自己的思辨能力和批判性思维。

二、高中英语教学的方法

（一）课堂讲授

高中英语教学由于其自身的特殊性，在教学方法上也与其他学科的教学有所不同，当然，普通的以教师讲授为主的课堂教学模式依然是英语教学的重要方法之一，因为高中阶段的学生英语基础较为薄弱，词汇积累与基本技能的训练尚处于初级阶段，所以仍需要集中灌输词汇、语法等知识。

教师的讲授能够为学生提供一个清晰、连贯的知识体系。通过教师有条不紊地讲解，学生能够更系统地了解和掌握英语的基础知识与重要概念。教师讲授的内容不仅仅是简单的知识和信息，更重要的是将这些知识组织成一个逻辑严密、内部联系紧密的结构，使得学生能够在这个结构中看到知识之间的联系和纽带。这样的教学方法有助于学生建立起完整的认知框架，使他们在面对英语的各种现实应用时，能够迅速地回想和应用所学知识。同时，教师有条不紊地讲解方法确保了知识的连续性和完整性，使学生不会在学习的过程中感到迷茫或失去方向，保证英语教学能够按照大纲的要求按部就班地推进。

教师有着丰富的教学经验与周密的备课计划，教师对学科有深入的了解和掌握，这使得教师能够灵活地适应学生的学习节奏和需求。一个经验丰富的教师不仅可以迅速捕捉学生的学习难点，还可以预测学生在学习过程中可能遇到的困惑和障碍。此外，他们还在长期教育实践中积累了丰富的教学策略和方法，可以针对性地设计教学活动，从而使学生更加高效地吸收和掌握知识。此外，教师作为知识的传承者，他们的讲解往往带有独特的教育思考和深度，可以引导学生从多个角度和多个层次看待问题，以激发学生的思考和探索欲望。当学生在学习过程中遇到疑惑时，教师可以及时为他们提供指导和帮助。教师还可以根据学生的学习表现，给予及时且具体的反馈，帮助学生认识自己的长处和不足，指导他们进行有针对性的复习和提高，这种在教师引领下的实时互动和反馈机制，对于提高学生的学习积极性和学习效果至关重要，也使得教学过程更加人性化和个性化。

（二）交互式教学

交互式教学是在支架式教学理论的基础上发展起来的一种教学模式。交互式教学是在宏观教学情境下，在多点自由切入的教学平台上，教师的教与学生的学围绕某一个问题或课题进行平等交流和自主互动的一种教学方法。它具有重大的教育价值。

交互式教学在英语教学中的应用相对比较广泛，它旨在激发学生的积极性、创造性和参与意识，使他们成为学习的主体，而非被动的信息接收者。在这种教学方法的实践过程中，学生的主体地位大幅提升，教师与学生之间的角色边界逐渐变得模糊，两者更多地建立起合作伙伴的关系，共同探索知识。通过小组讨论、角色扮演和辩论这样的多样化活动，学生有机会实践、思考和应用所学的知识，而不仅仅是机械地记忆。交互式教学方法更强调实际操作和实践，鼓励学生主动探索和发现，这样可以培养他们的批判性思维、沟通技巧和团队合作能力。此外，这种教学方式更加注重学生的个体差异，使教学活动更具针对性和灵活性。通过与他人的交互，学生可以更好地理解和掌握知识，也可以促进学生社交技能的提升和自信心的建立。交互式教学为学生提供了一个更加开放、活跃且具有实践性的学习环境，这不仅有助于培养学生的自主学习能力，还有助于深化学生对知识的理解。

（三）任务型教学法

任务型教学法是指在高中英语教学活动中，教师应当围绕特定的交际和语言项目，设计出具体的、可操作的任务，学生通过表达、沟通、交涉、解释、询问等各种语言活动形式来完成任务，以达到学习和掌握语言的目的。任务型教学法是吸收了以往多种教学法的优点而形成的，它和其他的教学法并不排斥。任务型教学法是以学生为中心的教学法。此类教学法主要关注二语教学的认知过程和语言运用练习，力图为学习者提供机会，通过课堂上以意义为焦点的活动，参与开放型的交际任务。任务型教学法的课堂操作程序表现为一系列的教学任务，在任务履行过程中，学习者注重语言交际的意义，充分利用自己已经获得的目的语资源，通过交流获取所需信息，完成任务，其学习过程是沿着开放的途径达到预期的教学目标。

在高中英语教学中，任务型教学法强调学生的主体地位和参与性。学生不再是被动的听众，而是参与者、沟通者和创造者。在完成任务的过程中，学生需要自主思考、协作沟通，充分发挥自己的潜能和调动学习的积极性，只有这样，才能真正实现以学生为重的教学目标。此外，任务型教学法也能够更好地激发学生的学习兴趣和动机。当学生看到自己能够使用所学的英语知识和技能完成实际任务、成功地与他人交流并达成合作时，他们的学习信心和成就感也会随之增强，从而促使他们的学习积极性和主动性进一步提升。任务型教学法与其他教学法的结合使用，可以实现教学的多样化，满足不同学生的学习需求和兴趣。教师可以根据学生的实际情况，并结合教材内容，灵活地选择和设计任务，使教学内容更加贴近学生的生活实际，更有意义和吸引力。

第三节　高中英语教学的原则与模式

一、高中英语教学的原则

高中英语教学不仅仅是一门语言习得的过程，更是一个系统的教育工程，在教育过程中需要遵循一系列原则，主要包括以下四个方面，如图 1-3 所示。

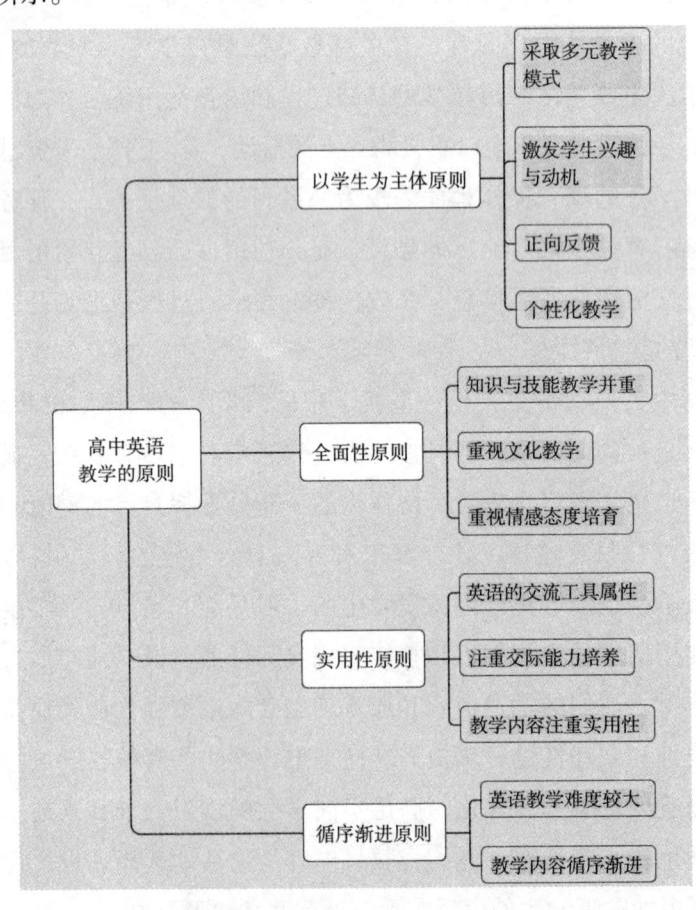

```
                              ┌─ 采取多元教学模式
                              ├─ 激发学生兴趣与动机
              ┌─ 以学生为主体原则 ┤
              │               ├─ 正向反馈
              │               └─ 个性化教学
              │
              │               ┌─ 知识与技能教学并重
高中英语      ├─ 全面性原则 ───┼─ 重视文化教学
教学的原则 ──┤               └─ 重视情感态度培育
              │
              │               ┌─ 英语的交流工具属性
              ├─ 实用性原则 ───┼─ 注重交际能力培养
              │               └─ 教学内容注重实用性
              │
              │               ┌─ 英语教学难度较大
              └─ 循序渐进原则 ─┤
                              └─ 教学内容循序渐进
```

图 1-3　高中英语教学的原则

（一）以学生为主体原则

当今时代，随着教育理念的不断发展和教学改革的不断推进，以学生为主体成了教育活动的基本原则之一，教学工作是围绕学生展开的，英语教学当然也不例外。在英语教学的整个过程中，应以教师为主导，学生为主体。教师作为英语教学活动的主导者，其教学任务不仅是将知识单向传授给学生，还要通过科学的教学方法，激发学生的学习兴趣，提升学生学习的主动性，引导学生对英语进行全面、系统地学习，并为学生提供学习所需的帮助。在高中英语教学中贯彻以学生为主体的原则，需要从以下几个方面入手。

1. 采取多元教学模式

学生是知识的接受者，是认知的主体，英语教学归根结底是提升学生的英语水平。因此，英语教育工作者应该将以学生为主体原则渗透进英语教学过程的始终，包括教材的选取、教育方式的选择、英语课程的设计、教学配套设施的完善、英语教学环境的优化以及英语教学活动的安排等多个方面，从而使学生在学习过程中的主体作用得到充分发挥。

在英语教学中，教学模式和教学方法的选择至关重要。在我国，英语教学作为第二语言习得的过程，与其他学科的教学方法有很大区别，很容易让学生感到枯燥，从而使学生的学习难度增加，因此须尽可能避免采取"填鸭式"的教育和死记硬背的教学方法。诚然，在英语教学过程中，对于英语词汇、语法、听力以及写作等学习环节，一定的机械操练和死记硬背是必不可少的，是强化学生基础知识掌握的重要手段，但是训练强度过高又会降低学生的学习积极性，进而影响学习效果。我国多年的英语教学实践表明，单一的教学模式和方法难以满足我国英语教学的需求，教育者应该对多种教学模式和方法进行综合研判，博采众长，兼收并用，根据不同的实践要求和教学环境，选取最适合自身教学需求、符合教学客观条件的教学模式和方法。

2. 激发学生兴趣与动机

兴趣是最好的老师，动机是实践的动力，在高中英语教学中，激发学生兴趣与动机是帮助学生充分发挥主体性的重要举措。为了实现更好的教学效果，教师不仅要深入了解学生的兴趣和需求，还要具备敏锐的观察能力，挖掘出与学生生活紧密相关的素材和主题。这样一来，当课堂教学内容与学生的真实经历相呼应时，他们就更容易产生共鸣，投入学习中去。此外，这种教学策略也能帮助学生在情境中实践和运用英语，使他们感受到语言学习的实用性和趣味性，从而进一步提高学习的积极性和自主性。

3. 正向反馈

在高中英语教学中贯彻以学生为主体原则，教师需要认识到，每个学生都有独特的学习风格和速度。因此，对于学生在学习过程中的每个小进步，教师都应给予充分的认可和鼓励。正向反馈不仅可以帮助学生建立成功的经验，还可以提高他们的学习自觉性。当学生感受到自己的努力得到了肯定时，他们的自信心和学习动力会增强。与此同时，教师还应为学生创造一个充满鼓励和支持的学习环境，让他们善于自主学习、不惧失败、勇敢尝试、持续探索，最终达到自我超越和全面发展的目标。

4. 个性化教学

每个学生都有独特的学习背景、兴趣和能力，因此，在坚持以学生为主体的教学原则下，不能采取"一刀切"的教学方法。教师应深入了解学生的学习风格、知识基础和潜在能力，从而为他们量身定制合适的教学策略和资源。这种方法不仅满足了学生个体的学习需求，还有助于激发他们的学习兴趣和潜能，进而使他们更好地掌握知识，提高自主学习的能力和效果。

（二）全面性原则

1. 知识与技能教学并重

在高中英语教学中，贯彻全面性原则意味着不仅关注学生语言知识的学习，而且注重对他们实际应用技能的培养。对于知识与技能教学并重的原则，这意味着我们不能只重视传统的语法、词汇和句型的教学，而忽视了英语的实际应用。

英语作为一门生活语言，它的最终目的是应用，而不仅仅是学术上的追求。传统的教学方式可能会强调语法和词汇，但如果学生在真实情境中不能有效地用英语进行交流，那么这种学习方式的实用性就大打折扣。而全面性原则强调了知识与技能的平衡。技能的培养，特别是听、说、读、写的技能，是确保学生能够在真实场合中用英语进行有效交流的关键。此外，随着科技的进步和全球化的加速，英语的使用场合已经不再局限于书本和课堂。学生可能需要使用英语浏览网站、与外国朋友交流，甚至参与国际合作项目。这些都需要他们具备一定的实际应用技能，而不仅仅是书本上的知识。

全面性原则要求高中英语教师在教学中充分考虑学生的实际需求和未来的发展方向，确保他们在知识和技能上都得到全面的培养。这样，他们不仅能在考试中取得好成绩，而且在真实的生活和工作中能有效地使用英语。

2. 重视文化教学

英语教学的最终落脚点是全面提升学生的英语综合素质，培养全面发展的英语人才，而不是为了应对各类考试而进行的专项训练和应试技巧教学。因此，在英语教学过程中，应该注重学生英语各项素质的全面培养。英语不仅是一门语言，它还是文化的载体。教师应该帮助学生了解与英语相关的文化背景、习俗和价值观，培养他们的跨文化交际能力。

高中英语教学不仅局限于语言教学，还包括英语文化、英语的语言特点与发展历史、风土人情、民族文化、中西方文化差异、不同民族价值观的研究、文学艺术等多个领域。因此，学习英语不仅仅是学习词汇、语法与写作，更是学习英语的语言文化，因为语言本身既是文化的关键组成部分，也是文化的重要载体。因此，从语言的功能属性来看，文化的学习本身就是语言学习的重要组成部分。英语教育工作者在实际的教学管理和教学实践中，可以结合教材与相关读物，引出相关的文化知识，使学生对于英语文化有一个宏观的认知，而不是仅仅局限于工具性语言的学习。

3.重视情感态度培育

情感态度对学习的动力有直接影响。学生如果对英语学习产生了浓厚的兴趣和热情，他们就更容易投入时间和精力，更容易克服学习中的困难和挑战。因此，在高中英语教学中，教师应该不断寻找新的方法和策略，如通过有趣的教学活动、实际的交际任务或与学生生活经验相关的主体来激发学生的学习兴趣。对于学生来说，正确认识自己的学习进度和能力对学生的自信心与自我效能感非常重要。教师应该为学生提供及时和正面的反馈，让他们看到自己的进步，同时指出他们还需要改进的地方。这样，学生不仅能看到自己的长处，还能明确自己的学习目标。积极的学习态度是持续学习和终身学习的基石，对于高中英语教学来说非常重要。在这个快速发展的时代，只有拥有积极的学习态度，人们才能不断适应和学习新知识、新技能。因此，教师应该通过教学活动，如小组合作、讨论和反思，培养学生的合作和批判性思维能力，帮助他们建立积极的学习态度。

（三）实用性原则

1.英语的交流工具属性

英语本身具有交流工具的属性，提升英语学习者的英语实际运用能力，为国家和社会培养英语实用型人才，这既是我们开展英语教育的重要出发点，也是英语教育的核心目标。因此，英语教学应强调实用性和交际性原则。在我国目前的教育体系下，学生到了高中阶段，课业压力会迅速增大，英语课程时间紧张，英语教学也基本以考试为指向，英语教学模式的选择以提升学生的考试成绩为基本考量，词汇和语法教学占据了绝大部分的课程时间。听力与口语在高中阶段英语教学中的课时比重大大缩减，在一定程度上会制约学生英语运用能力的提升。因此，要弥补高中英语教学在贯彻实用性原则方面的不足之处，从而在较长教育周期内逐步提升学生的英语运用能力。

2. 注重交际能力培养

纵观整个语言学习的过程，单靠语法和词汇的积累是不足以使学生真正掌握与运用一门语言的。技能培养是语言学习的核心和目的。听、说、读、写四项基本技能，它们相互关联，构成了语言学习的完整体系。特别是在全球化的背景下，口语交际能力和听力理解能力尤为重要，因为它们直接关系到学生未来是否能够在真实的国际环境中进行有效沟通。

高中阶段英语交际能力的培养是"教"与"学"共同作用的过程，二者有机结合不能割裂，必须明确英语教学过程中教师的主导地位和学生的主体地位。"教"为"学"服务，教师的主导地位主要表现在教授知识、指导学习、激发学生积极性、组织学生实践活动等方面；学生的主体地位则主要表现在其是知识的接收者，是教学成果的反馈者，因此在英语教学实践中，教师与学生的教学互动尤为重要。

"学"以"用"为目标，语言知识向语言交际能力的转化，要求教师和学生重视英语的"工具"属性，尽量做到教学过程交际化，消除学生英语使用的心理障碍，增强学生在英语学习过程中的主观能动性，鼓励学生创造性地运用英语来表达自己的思想，通过不同的教学方式将英语语言知识转化为英语交际能力。

3. 教学内容注重实用性

在高中英语教学中，教学内容注重实用性意味着超越单纯的语法和词汇积累，更多地关注学生在真实环境中如何有效使用英语进行交际。实际上，语言首先是一种交流工具，而不仅仅是知识的积累。因此，选择与日常生活、工作和学习紧密相关的内容，可以使学生在各种情境中更加流利且准确地表达自己的观点和需求。这种实用性导向的教学内容旨在培养学生的实际交际能力，确保他们在未来进入社会后或处在跨文化环境中时，能够自如地运用英语进行有效沟通。

（四）循序渐进原则

1. 英语教学难度较大

循序渐进原则主要针对的是英语教学难度较大这一现实问题。我国的英语教学属于第二语言习得的过程，《朗义语言教学及应用语言学词典》中对于第二语言习得（Second Language Acquisition）的定义为，人们逐步提高其第二语言或外语水平的过程，这里的第二语言泛指母语之外的任何一种语言，不仅包括第二语言，还包括其他外语。第二语言习得是一个漫长而复杂的过程。以我国的英语教学为例，在英语学习过程中，学习者已经熟练掌握了一门语言（一般是汉语），包括其文字书写与发音、语法、使用习惯、语言文化等，这些都时时刻刻影响着英语的学习与使用，特别是汉语与英语属于不同语系，在文字、语法、实际运用等方面相似点较少，更是进一步增加了英语学习的难度。

2. 教学内容循序渐进

听、说、读、写是高中英语学习的四项基本技能，四者相辅相成，缺一不可，需要学生全面学习和掌握。听力材料从简单对话到复杂讨论，阅读理解从短文到长文再到专业性较强的文章，写作从书写信件到书写议论性文章，均体现了我国英语教育中循序渐进的原则，英语课程几乎伴随学生的整个求学生涯，为我国英语教学提供了充足的时间保障，这也有利于学生在英语学习过程中不断夯实基础知识，探求新的学习内容。

二、高中英语教学的模式

（一）教学模式概述

"模式"一词是英文 model 的汉译名词。model 还译为"模型""范式""典型"等。一般指被研究对象在理论上的逻辑框架，是经验与理论之间的一种可操作性的知识系统，是再现现实的一种理论性的简化结构。教学模式是构成课程和作业、选择教材、提示教师活动的一种范式或计划。实际教学模式并不是一种计划，因为计划往往显得太具体，太具操作性，从而失去了理论色彩。将"模式"一词引入教学理论中，是想以此来说明在一定的教学思想或教学理论指导下建立起来的各种类型的教学活动的基本结构或框架，表现教学过程的程序性的策略体系。

教学模式是指在一定的教学理念与教学思想指导下、在具体的教学实践中形成的稳定的教学活动结构框架和活动程序。作为结构框架，突出了教学模式从宏观上把握教学活动整体及各要素之间内部的关系和功能；作为活动程序，突出了教学模式的有序性和可操作性。教学模式是人们通过长期的教学实践总结形成的，教学模式源于实践，又反过来指导教学实践。教学模式主要由五个方面的内容组成，分别是理论依据、教学目标、操作程序、实现条件和教学评价，这五个要素之间的有机联系构成了教学模式的基本结构，它们之间虽有区别，但不是孤立的，而是相互联系、相互依存的，教学模式的基本结构由这五个要素共同构成，是缺一不可的。

教学模式的本质是将教学理论运用到实践教学当中，提升教学的规范性。教学模式与教学实践之间也是相互联系、相互影响的。教学实践在教学模式的框架下开展，教学模式又随着教学实践的推进而不断进行调整，以适应不同的教学环境和学习群体。教学模式既可以根据教学理论进行构建，也可以根据教学实践形成和完善，这也符合哲学理论中理论与实践的辩证关系。

（二）英语教学模式的内涵

英语教学模式的研究在我国属于起步和发展较晚的研究领域，关于英语教学模式内涵的界定，不同学者的研究角度与分析过程各有不同，这也导致其对英语教学模式的认识和见解各有不同。从特定的研究领域到教育学，再到英语学科教学，一部分学者认为英语教学模式是指在英语教学实践中的一种特殊教学手段，而另一部分学者则认为英语教学模式是指与特定的英语教学任务相关联的一种程式。本书对于英语教学模式的界定如下：在一定英语教学理论与英语教学思想的指引下，在一定的英语教学实践中，英语教师利用一定的教学手段与教学方法，实现英语教学的任务与目标。英语教学模式主要包括以下六个方面的内容。

1. 教学思想或教学理论

英语教学模式是教学理念与教学实践有机结合形成的，教学理论和教学思想是在英语教学实践中总结升华而成的，然后又会反过来指导实践，这就是教学模式在教学实践中的应用过程。因此，对于英语教学模式来说，一套完整的教学理论是其首要的构成要素。

2. 教学任务与教学目标

英语教学的开展必然以一定的教学目标为任务指向，教学模式也是为了特定的教学任务和教学目标而服务的，没有明确教学目的的教学模式是不适用于英语教学实践的。

3. 操作程序与使用方式

英语教学模式应用于英语教学实践需要一定的操作程序与使用方式，这也是不同英语教学模式之间重要的区分要素，操作程序与使用方式的优劣会直接影响英语教学的效果。

4.教学条件与教学环境

英语教学模式的实践应用需要一定的教学条件与教学环境做支撑，良好的教学条件与教学环境有助于英语教学模式充分发挥作用。当然，教学条件与教学环境对于英语教学模式不一定是促进作用，在某些情况下，也会限制教学模式作用的发挥。

5.师生互动与师生交流

英语教学活动包括教师和学生两个主要角色，教师与学生之间的任务虽然各不相同，但两者在教学活动中又紧密相连。教学模式在英语教学实践中的有效应用与师生之间的互动交流有着密切关系。

6.评价标准与评价方式

教学评价系统是英语教学模式的重要组成部分，一种教学模式的优劣需要科学的评价方法与评价体系进行衡量，以判断该教学模式是否适合继续套用于英语教学实践，不完善的评价系统会导致教育者对英语教学模式进行误判，不利于英语教学的发展。

以上六个方面的内容是英语教学模式的普遍结构特征，当然，国内外对于英语教学模式的研究还有许多不同的切入角度与研究方向，包括理论说、程序说、方法说等。但总体的研究趋势相对一致，即从关注教师的"教"向关注学生的"学"转化，研究理论不断深入，研究内容不断丰富，研究结构更加完善。[1]

---

[1] 崇斌，田忠山.新时期大学英语教学研究[M].成都：电子科技大学出版社，2017：17-19.

第四节　新课改的内容及其对高中英语教学的影响

一、新课改的内容指向

新课改是中国教育改革的一种，全称为"新课程改革"，它是指自2001年开始，我国在全国范围内推行的一系列教育改革措施。新课改的主要目标是改进教育体制，提高教育质量，培养学生的创新精神和实践能力。新课改涉及课程设置、教学方法、评价体系等方面。

新课标的全称是"新课程标准"，它是新课改的重要组成部分。新课标是指教育部门制定的一系列关于课程内容、教学目标和教学方法等方面的标准。新课标旨在为学生提供更加全面、多样化的课程，以满足学生不同的兴趣和需求。新课标与新课改虽然密切相关，但它们是两个不同的概念。新课改是一个更广泛的概念，包括课程设置、教学方法、评价体系等多个方面；而新课标主要关注课程内容和教学目标。我国非常重视高中英语教学改革，根据实践发展为高中英语教学提供科学指导。

（一）《普通高中英语课程标准》（2017年版2020年修订）

《普通高中英语课程标准》（2017年版2020年修订）在指导思想上以马克思列宁主义、毛泽东思想、邓小平理论、"三个代表"重要思想、科学发展观、习近平新时代中国特色社会主义思想为指导，深入贯彻党的十八大、十九大精神，落实全国教育大会精神，全面贯彻党的教育方针，落实立德树人根本任务。同时，坚定发展素质教育，推进教育公平，以社会主义核心价值观统领课程改革，着力提升课程思想性、科学性、时代性、系统性、指导性，推动人才培养模式的改革与创新，以培养德智体美劳全面发展的社会主义建设者和接班人为高中英语教学目标。

在修订内容方面，《普通高中英语课程标准》（2017年版2020年修订）主要有以下改动。

首先，进一步明确了普通高中教育的定位。我国普通高中教育是在义务教育基础上进一步提升国民素质、面向大众的基础教育，任务是促进学生全面而有个性地发展，为学生适应社会生活、高等教育和职业发展做准备，为学生的终身发展奠定基础。普通高中的培养目标是进一步提升学生综合素质，着力发展核心素养，使学生具有理想信念和社会责任感，具有科学文化素养和终身学习能力，具有自主发展能力和沟通合作能力。

其次，进一步优化了课程结构。一是保留原有学习科目，调整外语规划语种，在开设了英语、日语、俄语课程的基础上，增加德语、法语和西班牙语。二是将课程类别调整为必修课程、选择性必修课程和选修课程，在保证共同基础的前提下，为不同发展方向的学生提供有选择的课程。三是进一步明确各类课程的功能定位，与高考综合改革进行衔接：必修课程根据学生全面发展的需要进行设置，全修全考；选择性必修课程根据学生个性发展和升学考试的需要进行设置，选修选考；选修课程由学校根据实际情况统筹规划开设，学生自主选择修习，学而不考或学而备考，为学生就业和高校招生录取提供参考。四是合理确定各类课程学分比例，在毕业总学分不变的情况下，对原必修课程学分进行重构，由必修课程学分、选择性必修课程学分组成，适当增加选修课程学分，既保证基础性，又兼顾选择性。

最后，进一步强化了课程有效实施的制度建设。进一步明确课程实施环节的责任主体和要求，从课程标准、教材、课程规划、教学管理，以及评价、资源建设等方面，对国家、省（区、市）、学校分别提出了要求。增设"条件保障"部分，从师资队伍建设、教学设施和经费保障等方面提出具体要求。增设"管理与监督"部分，强化各级教育行政部门和学校课程实施的责任。

在学科课程标准方面，《普通高中英语课程标准》（2017年版2020年修订）主要有如下内容。第一，凝练了学科核心素养，明确了学生学习该学科课程后应达成的正确价值观、必备品格和关键能力，对知识与技能、过程与方法、情感态度与价值观三维目标进行了整合。第二，更新了教学内容，进一步精选了学科内容，重视以学科大概念为核心，使课程内容结构化，以主题为引领，使课程内容情境化，促进学科核心素养的落实。第三，研制了学业质量标准，各学科明确学生完成本学科学习任务后，学科核心素养应该达到的水平，各水平的关键表现构成评价学业质量的标准。第四，增强了指导性。本着为编写教材服务、为教学服务、为考试评价服务的原则，突出课程标准的可操作性，切实加强对教材编写、教学实施、考试评价的指导。

（二）《高中英语课程标准2022》

《高中英语课程标准2022》明确了高中英语课程改革的主要目的是：建立新的外语教育教学理念，使课程设置与课程内容具有时代性、根底性和选择性；建立灵活的课程目标体系，使之对不同阶段和不同地区的英语教学更具指导意义；建立多元、开放的英语课程评价体系，使评价真正成为教学的有机组成部分；建立标准的英语教材体系以及丰富的课程资源体系，以保障英语课程的顺利实施。

《高中英语课程标准2022》强调英语改革的基本理念主要有以下五个方面：第一，重视共同基础，构建发展平台；第二，提供多种选择，适应个性需求；第三，优化学习方式，提高自主学习能力；第四，关注学生情感，提高人文素养；第五，完善评价体系，增进学生不断发展。《高中英语课程标准2022》明确了根据高中生认知能力发展的特点和学业发展的需求，高中英语课程应强调在进一步发展学生综合语言运用能力的基础上，着重提高学生用英语获取信息、处理信息、分析问题和解决问题的能力，特别注重提高学生用英语进行思考的能力；形成跨文化交际的意识和基本的跨文化交际能力；进一步拓宽国际视野，增强爱国主义精神和民族使命感，形成健全的情感、态度与价值观，为未来的发展和终身学习奠定良好的基础。

二、新课改对高中英语教学的影响

（一）更加强调学生核心素养的培育

新课改将知识与技能、过程与方法、情感态度与价值观三维目标进行了有机整合，促使高中英语教学理念发生重大转变。过去那种以教师为中心、重点在于知识传授的教学模式逐渐被淘汰，取而代之的是一种更灵活、以学生为中心的教学方法，旨在激发学生的兴趣和潜能。新时代的英语教学不再局限于让学生机械记忆大量知识，新的教学模式更注重培养学生应用这些知识来分析问题、提出解决方案的能力以及将英语知识真正运用到实践当中的能力。新课改力求通过教学理念、教学模式与评价方式的改变，使学生不仅能将英语作为一种工具进行熟练掌握，还能培养学生独立思考、批判性分析以及解决问题的综合能力，以提高学生的综合素质，促进学生的全面发展。这种教学思想的转变不仅使得英语教学更具现实意义，也有助于学生更好地适应新时代发展的特征，在英语或其他领域展现出卓越的沟通和解决问题的能力。

（二）课程体系更科学

新课改对于高中英语教学的课程体系优化也起到了一定的促进作用。在传统英语教学模式中，教学实践常常以固定的教材、固定的教法和一成不变的评价方式为主，这对本身教学内容量大、学习难度较高的英语教学来说，很容易导致学生对英语学习产生厌倦和抵触的心理。而新课改的推进，为学生带来了丰富多彩的学习选择，既体现在课程内容上，又体现在教学方法和评价方式上。在新课改的推动下，高中英语的课程内容应该朝着贴近学生生活实际的方向进行改革，教学方法也应该更注重培养学生的实际应用能力，而评价方式则从单一的笔试转向了综合评价，更能够反映学生的真实水平。这种转变不仅有利于激发学生的学习兴趣和积极性，也有利于培养学生的英语实际应用能力。更重要的是，这种灵活性让英语教学更加注重适应学生的个性化需求，而非机械地按照固定模式进行教学，从而使每个学生都能在英语学习中找到属于自己的位置，实现自我价值，激发学生学习英语的兴趣，并进一步突出学生在教学活动中的主体地位。

（三）更加注重对学生人文素养的培育

在新课改背景下，高中英语教学不再局限于语言知识的传授，而是更深层次地关注到学生人文素养的培育。语言不仅是交流的工具，还是文化、历史和价值观的重要载体，传统的教学模式很容易使英语变成一门孤立的科目，过于突出英语的工具性反而容易导致学生无法很好地将英语运用到实践中，而现在，在新课改的推动下，英语教学已经从单纯的语法与词汇训练转向了文化背景、历史情境和价值观的探讨，不仅拓展了英语教学的内容，加深了学生对英语的理解，还有助于培养和提升学生的跨文化沟通能力。借助先进的教学技术，通过阅读各种背景下的文本、观看与文化相关的影视作品以及参与相关的跨文化交流活动，学生能够更全面地理解英语世界的多样性和复杂性。这样的教学模式不仅培养了学生的语言技能，还有助于对学生进行批判性思维和人文关怀的培养，从而培育出更多真正符合新时代发展需求的英语人才。

第二章 信息技术与教育

第一节 信息技术的发展与教育的变革

一、信息技术的内涵与分类

（一）信息技术的内涵

信息技术这一术语含义十分广泛，而且处于不断发展演变之中，因此很难给出一个确切的定义。总的来看，信息技术是指用于管理和处理信息采用的各种技术的总称。它主要是应用计算机科学与通信技术来设计、开发、安装和实施信息系统及应用软件。它也常被称为"信息和通信技术"，主要包括传感技术、计算机与智能技术、通信技术和控制技术等。

信息技术涉及从数据收集、处理、存储到传输和检索的各种技术。它不仅仅是硬件设备和软件应用，更是一个集结了多种学科知识和技术手段的综合体。信息技术涵盖了计算机科学、电子工程、通信技术以及其他相关学科的成果，旨在实现高效、迅速和准确地处理各种信息资源。这种技术的出现与发展，极大地推动了社会生产力的提高，尤其是在数据驱动的现代社会，信息技术为各行各业提供了广泛和深入的创新机会。

信息技术是一个不断演化和自我更新的领域，与现实世界中实践的发展以及社会需求密切相关。实践的发展不断催生出新的问题与挑战，信息技术也在寻找新的方法和策略来适应这些变化。例如，云计算、大数据、人工智能等新兴技术，都是信息技术为了更好地服务社会和经济发展而进行的创新。这些技术提供的解决方案，旨在帮助人们更有效地处理、分析和应用海量的信息资源。

（二）信息技术的分类

信息技术是一个设计领域众多、内容构成复杂的庞大系统，根据分类标准的不同，信息技术有着多种分类方式。

1. 根据是否有实物表现形式划分

根据信息技术是否有实物的表现形式可将其分成"硬"信息技术和"软"信息技术两大类。"硬"信息技术如同计算机硬件一样，是已经转化成具体信息设备的信息技术，如复印机、电话机、数码相机、电子计算机和通信卫星等；"软"信息技术类似计算机软件，是人类在长期信息活动中积累而形成的有关信息采集、处理、检索的经验、知识、方法与技能，如信息调查技术、信息组织技术、统计技术、预测与决策技术、信息标准化技术等。

2. 根据信息技术组成的基本元素划分

根据信息技术组成的基本元素可以将其分为感测技术、通信技术、智能技术及控制技术。

（1）感测技术。感测技术包括传感技术和测量技术。它是人类感觉器官功能的延伸，使人们能够更好地从外部世界提取有用的信息。

（2）通信技术。通信技术包括信息的空间传递和时间传递技术。它是人类传导神经系统传递功能的延伸。

（3）智能技术。智能技术包括计算机硬件技术、计算机软件技术、人工智能技术和人工神经网络技术等。它是人类思维器官功能的延伸，其目的是更好地处理和再生信息。

（4）控制技术。控制技术包括调节技术和自动控制技术。它是效应器官功能的扩展和延长，其功能是根据输入的指令信息对外部事物的运动状态和运动方式实施干预，以便更好地应用信息。

3. 根据一定的次序划定的等级划分

根据一定的次序划定的等级可将信息技术划分为主体信息技术和应用信息技术。

（1）主体信息技术。主体信息技术是指按照技术的功能区分出来的信息技术，包括感测技术、通信技术、计算机技术、控制技术等。其中，通信技术和计算机技术是整个主体信息技术的核心部分。

（2）应用信息技术。应用信息技术是指针对各种实用目的、由主体技术繁衍而生的各种应用技术群，亦即主体技术通过合成、分解和应用生成的各种具体的实用信息技术。应用信息技术广泛渗透到工业、农业、军事、教育、科学文化等多个领域，构成了一个完整的应用技术体系。

4. 根据信息系统功能划分

根据信息系统功能可将信息技术划分为信息输入输出技术、信息描述技术、信息存储检索技术、信息处理技术和信息传播技术。

5. 根据专业信息工作的基本环节或流程划分

按照专业信息工作的基本环节或流程可将信息技术划分为信息获取技术、信息传递技术、信息存储技术、信息检索技术、信息加工技术和信息标准化技术。

（1）信息获取技术。信息获取技术关注如何高效、准确地从各种来源检索、识别和获取信息。它涵盖了从传统的图书馆检索系统到现代的搜索引擎等广泛的技术和方法。这种技术的核心是理解、处理和优化用户的查询，以确保返回的结果是相关和准确的。随着大数据和人工智能的崛起，信息获取技术还包括如何从海量数据中提取有价值的信息，以及如何通过机器学习和其他高级算法来提高搜索的准确性。此外，信息获取技术也强调对信息来源的鉴别和验证，确保获取的信息是可靠且真实的。简言之，信息获取技术是现代社会中不可或缺的一部分，它确保人们能够在信息爆炸的时代里迅速找到所需的知识和数据。

（2）信息传递技术。信息传递技术涉及在不同实体或系统之间传输和分发信息的方法与工具。从古老的烟雾信号到现代的光纤和无线通信，它旨在确保信息的完整性、速度和安全性在传输过程中得到维护。在数字时代，信息传递技术的关键组成部分包括协议、编码系统和通信网络。这些技术使得大量数据能够在世界各地的设备之间迅速、准确地移动，从而支撑起全球的互联网、移动通信和云计算基础设施。同时，随着加密和安全协议的发展，确保数据在传输过程中的隐私和安全性变得尤为关键。信息传递技术为现代社会的连通性和功能性提供了关键支撑，使得远程沟通、即时消息传递和大规模数据交换成为可能。

（3）信息存储技术。信息存储技术关注如何有效且安全地保存数据与信息。现代的信息存储技术经历了从磁带、硬盘到固态驱动器等多种物理介质，以及用于组织、访问和保护这些数据的各种系统与协议。随着网络技术的发展，线上存储技术水平不断提升，数据存储量不断增加，随着技术的进步，存储容量已经从最初的几千字节扩展到数百兆字节，成本也在持续下降。此外，存储技术也考虑到数据的冗余性和恢复，确保信息在面临故障时能够得到恢复。云存储和分布式系统的出现使得数据不再局限于一个物理位置，而是可以跨多个位置和设备进行存储与备份。信息存储技术不仅关乎容量，还在于如何优化存储、确保数据完整性和提高数据访问效率。

（4）信息检索技术。信息检索技术是针对海量数据中迅速准确找到用户所需信息的技术手段和方法。在数字时代，信息爆炸式增长，使得人们在众多信息中定位特定内容成为一项挑战。信息检索技术便应运而生，其核心目标是优化查询效率并提高返回结果的相关性。这涉及复杂的算法和策略，如关键词匹配、语义理解和自然语言处理等。强大的检索系统，如搜索引擎，便可利用这些技术对网页内容、用户行为和其他因素进行分析，然后为用户提供相关的搜索结果。此外，信息检索技术不仅局限于文本，还涉及图像、视频和音频等多种数据格式。随着技术的发展，信息检索技术也逐渐融合了人工智能、机器学习等先进技术，使其更加智能化、个性化，更能满足现代社会多变的信息需求。

（5）信息加工技术。所谓整理加工，是指运用科学的方法，对调研采集的信息进行审核、检验和初步加工，使之系统化和合理化，并以集中、简明的方式反映调研对象总体情况的研究过程。信息加工技术就是对信息进行描述、分类、排序、转换、浓缩、扩充、创新的技术。信息加工技术的发展已有两次突破：从人脑信息加工到使用机械设备进行信息加工，再发展为使用电子计算机与网络进行信息加工。信息整理加工时必须遵循三个基本原则，分别是定性资料和定量资料的结合、宏观资料和微观资料的结合以及动态资料和静态资料的结合。

（6）信息标准化技术。信息标准化技术主要关注如何统一、规范化信息的表示、存储和交流，确保不同的系统、平台或应用之间实现无缝的信息流通和信息交互。在日益复杂的信息环境中，标准化成为保证信息一致性和准确性的关键。信息标准化技术涉及建立共同的规则、指导方针和协议，使得不同来源的信息能够经过统一处理后达到预期的格式和质量。例如，数据交换标准可以确保不同应用之间的数据能够轻松共享，而文档编码标准则可以保证文本文件在不同的软件平台上都能正确显示。信息标准化技术还能降低出现错误和冲突的可能性，确保系统和应用在接收与处理信息时能够获得可靠、一致的结果。在信息化高速发展的时代，信息标准化技术为现代社会的信息交流和共享奠定了坚实的基础，确保信息能够高效、准确且稳定地传递。

二、教育发展变革的方向

新时代教育的发展呈现出一系列新特点，从宏观上讲，教育的发展变革主要有两个方面的内容：其一，教育理念的革新与贯彻；其二，教学模式的创新与发展。

（一）将立德树人作为根本任务

中国共产党第十八次全国代表大会上的报告首次指出，把立德树人作为教育的根本任务，培养德智体美全面发展的社会主义建设者和接班人。十八届三中全会进一步提出，要坚持立德树人，这都反映出党和国家对于教育事业与新时代人才培养的高度重视，而如何将这些精神贯彻落实到具体的教育领域和教育环节，是教育工作者的职责所在。

立德树人的提出也是为了解决我国教育领域存在的一些现实问题。个别学校存在重智轻德、过分追求学业分数而忽视德育的现象，这已经在一定程度上制约了我国教育的健康发展。而教育改革的推进也需要更加注重系统性与协同性，使更多主体参与到育人的过程中来，形成更加有效的育人合力。同时，随着信息技术的高速发展和多元文化的交融，学生面临的成长环境变得越来越复杂。网络的广泛传播和多元文化之间的碰撞，虽然为学生带来了丰富的知识和经验，但是也对他们的身心健康与价值观念造成了一定的不良影响，随着国际竞争日趋激烈，对学生综合素质的培养也提出了更高的要求。在此背景下，要培养出既有道德情操，又具备较高综合素质的社会主义新时代建设者，就要将更多精力放在完善教育系统上来。

习近平总书记在全国教育大会上的重要讲话中多次提到"立德树人"，并强调要把立德树人融入思想道德教育、文化知识教育、社会实践教育各环节，贯穿基础教育、职业教育、高等教育各领域，学科体系、教学体系、教材体系、管理体系要围绕这个目标来设计，教师要围绕这个目标来教，学生要围绕这个目标来学。中国共产党第二十次全国代表大会也强调教育是国之大计、党之大计。培养什么人、怎样培养人、为谁培养人是教育的根本问题。育人的根本在于立德。全面贯彻党的教育方针，落实立德树人的根本任务，培养德智体美劳全面发展的社会主义建设者和接班人。坚持以人民为中心发展教育，加快建设高质量教育体系，发展素质教育，促进教育公平。

立德，就是坚持德育为先，通过正面教育来引导人、感化人、激励人。树人，就是教育不仅要培养具备专业知识和技能的人才，还要培养具备高度的思想觉悟、坚定的政治信仰和对社会主义制度忠诚拥护的人才。这些人才不仅是社会的建设者，也是拥护党的领导、传承和发扬社会主义核心价值观的接班人。

作为我国教育事业发展的根本任务，立德树人具有丰富深刻的内涵，其意义不仅包括对优秀传统思想的传承，也随时代变迁有了新的发展，更是新时代对我国教育目标与育人价值观的深刻阐释。在中国特色社会主义建设新时代的背景下落实好立德树人这一任务，最根本的是要全面贯彻党的教育方针，解决好培养什么人、怎样培养人、为谁培养人这个根本问题。新时代做好立德树人工作，不仅要明确"立什么德""树什么人"，还要明确立德与树人之间的关系。

（二）信息化教学的普及与发展

信息化教学是以现代信息技术为基础的新的教学体系，包括教学观念、教学内容、教学组织、教学资源、教学模式、教学技术、教学评价、教学环境、教学管理等一系列的改革和变化。信息化教学主要包括六个要素，其中，信息网络是基础，信息资源是核心，信息资源的利用与信息技术的应用是手段，而培养信息化人才是目的，信息技术产业与信息化政策、法规和标准是保障。信息化教学的特征是教学过程的设计和学习资源的利用。

在数字技术的推动下，无论是基础教育还是高等教育，都逐渐向着个性化、智能化和开放化的方向发展。教师与学生的角色和互动方式也发生了深刻转变。传统的课堂教学往往是教师在讲台上一味地讲授，而学生则居于被动接受的地位。然而，信息化教学可以使学生更好地主动参与到学习过程中去，与教师和同学互动，共同构建知识。教育资源，如电子图书、在线课程和模拟实验，使学习不再局限于教室和课本。学生可以根据自己的兴趣和需求，随时随地获取和探索知识，打破了时间和空间的束缚。同时，教师也可以利用数据分析工具，对学生的学习过程和效果进行实时监控与评估，然后以此为依据进一步调整教学策略，以确保教学质量。此外，信息化教学也为远程教育和终身学习提供了可能，让更多人可以在高质量的教育资源中受益。

随着人工智能技术的不断发展，各种智能教学系统、智能导师系统、智能教学代理系统等不断应用于教学活动中，使得教学方法更趋于人性化，使得人际交互、内容交互更趋于舒畅、自然，使得学习更趋于个性化、智能化、自主化。信息化教学的最大特点是教学环境不再受物理时空的限制，如虚拟教室、虚拟实验室、虚拟校园、虚拟学习社区、虚拟图书馆、虚拟阅览室等的使用，使学习超越地域、年龄、文化背景等的限制。信息化教学不仅为数字化学习创造了环境条件，还为全民教育、终身教育的实现创造了环境条件。

第二节 信息技术在教学中的应用

一、信息化教学的优势

（一）促进教学模式的创新发展

信息化教学的产生为传统教学模式注入了新的活力，为学校的教学科研管理增添了现代思想、方法和手段。传统的课堂结构和教学方式，在信息技术的影响下得到了创新发展，以往受到物理空间和时间限制的教学现在变得更加灵活且开放。信息化教学不仅仅是教室内的黑板与粉笔的升级，它更是教育理念和方法的进步，为学生和教师提供了更广阔的互动平台与无限的学习资源。这种转变意味着教育不再受限于学校的四堵墙，而是融入每个角落，甚至融入家庭、社区和工作场所。

在信息化教学的背景下，学习过程不再是单一地、被动地接受教师传授的知识，而是变成了多元的、互动的和参与式的学习。学生可以根据自己的兴趣和需求选择最适合自己的学习路径与方式。而教师则更多地扮演着引导者和伙伴的角色，与学生一同探索和创新。这种模式不仅增强了学习的效果，还大大提高了学生的学习积极性和参与感。总之，信息技术为教育领域开辟了全新的天地，让教育变得更加开放、自由和多元。

（二）拓展了教育空间

信息技术在教育领域的应用实际上是一次教育空间和机会的大幅拓展，在传统教育模式下，受教育的机会和空间往往会受到物质资源的限制。如今的广播、电视、卫星和计算机等技术融合为学习提供了前所未有的便利性。这不仅仅是物理空间上的拓展，更是教育形态和内容的创新。学习不再局限于固定的课堂和时间，它可以随时随地进行。这种模式确保了在资源有限，尤其是师资、校舍和教材不足的情况下，教育活动仍可以高效进行。它打破了地域和时间的界限，为远程地区和工作时间不固定的人们提供了平等学习的机会。同时，多元化学习方式也更好地满足了个体差异化的需求。对于那些渴望知识但因各种原因无法进入传统教室的人们，信息技术为他们提供了宝贵的机会。总的来说，这一技术的进步大大促进了教育的普及和平等，让知识真正成为人人可以触及的财富。

（三）为人们终身学习提供了机会

科技的发展和知识的更新要求人们不断地获取新知识，即使一流的学者，也存在着知识更新的问题，这就是所谓的"终身教育"。信息化教学则为人们提供了大量的知识和信息，可以使人们更加便捷、高效地获取知识，为人们终身学习提供了很好的机会。

在这个快速发展的时代，知识和技能的更新速度比以往任何时候都快。传统教育模式往往强调在学校期间完成学习，但现实的需求是，人们需要持续地学习和成长，无论他们在哪个职业阶段。这种终身学习的态度和需求已经成为现代社会的核心特征。信息化教学恰好满足了这种需求，它为人们提供了良好的学习平台，可以方便人们随时随地访问和学习。它打破了传统的教育界限，使学习变得更加灵活。不论年纪大小、职业背景或地域位置，每个人都可以利用信息技术获取所需的知识和技能，应对职业和生活中的各种挑战。这种无缝的学习模式为人们创造了无限可能性，使得知识不再是一种奢侈，而是一种每个人都可以获得和享受的权利。在这样的背景下，社会整体的创新和进步速度也得到了极大提高。

二、信息化教学的特点

（一）互动性强

在当今的教育环境中，信息化教学已经成为教育实践推进的重要支柱，其强烈的互动性特点正在改变教与学的传统模式。通过各种信息技术工具和平台，学生接受知识的方式更加多元化，可以自由地探索知识的每个角落，从而对所学知识有更深入的理解。此外，信息化教学技术也使学生与教师的互动变得更轻松、更及时，学生在遇到困难时可以立刻得到指导和帮助。同时，学生之间的相互合作与交流也变得前所未有的简单和广泛，不仅限于面对面交谈，还可以跨越地域和时间的界限，与全球的同伴分享、讨论和合作。这种互动性不仅丰富了学习资源，还提高了学习的深度和广度，使学习变得更为生动、实用。信息化教学的这种强烈互动性，无疑为学生创造了一个全新、开放和充满活力的学习空间，促使他们在学习过程中更加主动，更愿意参与和探索，从而深化其学习体验。

（二）较强的灵活性

信息化教学提供了强大的时空灵活性，改变了传统的学习模式和观念。在传统的教育环境中，学习活动往往受限于特定的时间和地点，如固定的课程时间和学校环境。而信息化教学则打破了时间和空间的界限，学生可以选择最适合自己的时间和地点进行学习，学生无论是在家中、图书馆还是其他任何地方，只要有互联网连接，就可以进行学习。这种自主选择学习时间和地点的模式，为学生提供了更广阔的学习空间，确保了学习的连续性。更重要的是，这种灵活性可以满足不同学生的学习需求和习惯，促使他们可以在最佳的状态下进行学习，从而提高他们学习的效率。

（三）教学资源丰富

信息化教学的发展与普及为教学实践提供了丰富的教学资源。在过去，学习资料多数来源于教科书或教师课堂上的讲授，内容的深度和广度具有一定的局限性。如今，随着技术的进步，互联网成了一个浩如烟海的知识库，学生可以接触到来自世界各地的资料、研究报告、专家讲座以及多媒体教学内容。这种变革不仅大大拓展了知识的边界，还为学生提供了更多的视角和解读方式，帮助他们建立全面、多元的知识结构。此外，这种丰富的教学资源供给也促使学生发展批判性思维，因为他们需要筛选、验证和整合从多个平台获得的信息。教学资源丰富、知识获取便利的学习环境为学生培养独立、主动的学习习惯提供了有力支持，促使他们从被动接受者转变为主动寻找者，以更好地适应和应对快速发展的未来世界。

三、信息技术在教育教学中的应用

（一）课堂演示工具

教育教学中把信息技术作为课堂演示工具，不仅极大地丰富了教学方式，还有效提高了学生的学习兴趣和教师的教学效果。当教师选择使用现成的计算机辅助教学软件或从丰富的多媒体素材库中挑选合适素材时，教学内容变得更生动、直观。借助 PowerPoint、Authorware、Flash 等制作工具，教师能够自主编写富有创意的演示文稿，将抽象的知识点以更具吸引力的形式展现给学生。文字、图像、声音、动画和视频的综合展示，使知识更形象化，有助于加强学生对知识的理解和记忆。此外，多媒体的运用也为教师提供了更多的教学策略和方法，可以满足不同学生的学习需求。在这样的教学环境下，学生的参与度和学习积极性显著提高，教学效果也有了明显增强。

（二）教学辅助工具

教育教学中把信息技术作为教学辅助工具，信息技术为学生提供了一个个性化的学习环境，这意味着每个学生都能通过最适合自己的方式进行学习。信息技术作为教学辅助工具，不仅提供了传统的阅读和听力学习，还加入了操作、练习、对话、游戏、模拟、测试、问题解答等多种交互方式。这种多元化学习方式极大地丰富了教学方法，可以使学生在学习中更加投入和积极。而且，这种个性化学习方法更能满足学生的差异化需求，使每名学生都能在最适合自己的学习方式中找到学习的乐趣，从而提高学习兴趣和学习效果。

（三）交流辅助工具

教育教学中把信息技术作为师生交流、生生协作的交流辅助工具，即教师根据教学需要或学生的兴趣开设某些专题或聊天室，并赋予学生开辟专题和聊天室的权利，在课上、课下为学生和教师、学生和学生创设交互式的探讨与交流机会，教师和学生可用文字、声音、图像、动画等进行交流。这种教学实践中师生交流沟通方式的巨大转变旨在创造一个互动性强、开放性大的学习环境。通过开设专题或聊天室，教师赋予了学生更大的权利和自主性，鼓励他们根据自己的兴趣和需求进行深入的学术探讨或日常交流。这不仅可以促使学生主动学习和思考，还可以提高他们的团队协作能力。同时，教师也可以与学生在这样的平台上进行实时互动，不再受传统课堂在时间和空间上的限制，从而使学生通过这种交互式的教学方式更好地理解和掌握知识。

第三节 信息技术"赋能"教学创新的机遇与挑战

一、信息技术"赋能"教学创新的机遇

（一）促进教学模式的多样化发展，为教学创新提供技术支撑

随着信息技术的不断进步，传统课堂的面对面教学方式逐渐得到了各种新型的教学方法和策略的补充。在教学活动中，特别是在中学的教学活动中，围绕课堂开展教学的基本模式没有变，但是课堂的组织方式、教学方法都随着信息技术的发展迎来了巨大改变。其中，翻转课堂、混合式教学等模式被越来越多的学校所使用，使现代教育发生了前所未有的变革。在翻转课堂模式中，学生在课前独立学习课程内容，而课堂时间则被用来讨论、提问和解决问题。这样的模式鼓励学生主动学习，同时为教师提供了更多与学生互动的机会。混合式教学模式则是线上和线下教学方法的结合，既有面对面的交流，又有线上的资源和自主学习时间，充分调动了学生的学习积极性，同时提高了教学效率。

围绕具体项目开展的项目式教学则更加注重实践和应用，在这种模

式下，学生不再是被动的知识接受者，而是成为问题的解决者和知识的创造者。他们需要围绕一个主题或问题，进行深入的研究和探索，最后呈现出自己的成果。这种模式更加强调团队合作、批判性思维和创造性思维的培养。而信息技术在其中起到了至关重要的作用。在信息化教学的背景下，各种在线资源、工具和平台为学生提供了丰富的学习材料，使他们可以跨越时空的限制，与全球的学者、同学进行交流和合作。同时，教育者也可以根据学生的学习数据，进行实时的反馈和指导，确保学习效果的最大化。可以说，信息技术不仅丰富了教学方法和策略，还为教育者提供了无限的创新可能。在这个信息化时代，只有不断创新，才能适应日新月异的变化，为学生提供最佳的教育体验。

（二）拓展教育资源的范围与内容，为教学创新提供资源支持

在信息化教学的浪潮下，随着大量教育资源的数字化，无论是视频教程、电子图书还是学术论文，其获取渠道都变得更便捷和普及。这意味着，不再受限于传统的教育模式和资源，现代的学生、教师及家长都可以从这个巨大的、丰富多彩的数字资源库中受益。它们为学生打开了一个全新的学习领域，使他们可以根据自己的学习节奏、兴趣和需求进行选择，从而更加高效地吸收知识、提升技能和改进思维方式。

与此同时，教师的教学方法也因此得到了丰富和提升。传统教育模式往往需要教师按照固定的教材和教学计划进行授课；而现在，他们可以根据学生的实际情况，选择合适的教育资源，定制化地为学生提供教学支持。家长也不再只是旁观者，他们可以通过这些资源，更好地参与孩子的学习过程，与教师一同助力孩子成长。而在这一切的背后，都离不开信息化教学带来的资源支持。开放与共享的教育资源不仅为教学创新提供了无尽可能，还为现代教育赋予了更深远的意义。

（三）提高教学效率和效果，为教学创新提供质量保障

信息化教学可以帮助教育者在多方面提高教学效率和有效性，这样

可以为教学创新提供质量保障，确保教育创新的推进。信息化教学的进步已经成为现代教育的关键驱动力，不仅在学术领域，还在日常的教学管理中，都起到了至关重要的作用。随着技术的进步，大量智能学习管理系统和校园管理系统应运而生，它们深刻地改变了教学和管理的方式。这些系统的主要优势在于它们能够实时追踪和监测学生的学习进度，从而为教师提供及时的反馈，并根据学生的学习需求进行调整。这种高度的个性化与精确度有助于提高教学效率和效果。

现代的管理系统不仅是单纯的教学工具，它们还帮助学校在资源分配、课程规划和教育策略方面做出更加科学的决策。为教育者提供了一个全面的、数据驱动的视角，使他们能够更好地理解学生的需求。这种系统的使用不仅提高了学校的管理效率，还大大减少了教师和管理人员的工作压力。无论教育实践如何创新发展，立德树人与促进学生全面发展的教育目标始终没有变，一切教学创新实践都需要符合这一目标，而信息技术则为教学创新的发展提供了保障。

（四）基于科学的数据分析与支持，为教学创新提供数据参考

信息化教学可以利用信息技术与大数据分析技术对学生的相关学习数据进行细致探究，赋能教育者以科学的手段深入洞察学生的学习行为、偏好和需求。这样的数据驱动洞察，犹如在茫茫教学海洋中的指南针，帮助教育者探寻更精准的教学路径。借助于此，教育者可以及时发现教学中存在的问题以及学生的学习状况，调整与优化他们的教学策略，确保教育资源得以高效分配，使每个学生均能得到个性化的关注和指导。

实时学习分析为教学创新塑造了一个坚实的数据基石。在传统教育模式中，教学策略往往源于教育者的经验和直觉；而在信息化时代，决策过程得以转化为一个高度科学化、系统化的流程，实时、精确的学习数据不仅促使教育者放弃一成不变的方法，还引导他们勇敢地探索与尝试全新的教学策略。从语言学的角度来看，这种技术对于每个学生的语言学习模式、习惯和难点都能做到精确捕捉，为教育者提供了前所未有的个性化教学方向。在这个充满变革和创新的教育新纪元，实时学习分析的重要性日益凸显，它将成为推动现代教育不断进步的关键动力。

二、信息技术"赋能"教学创新的挑战

（一）资源不足

信息技术教育需要大量的资源支持，包括先进的硬件设备、软件、网络、专业师资等。但与其显著益处并存的是资源的巨大需求。为了确保这种先进的教学方法普及到每个角落，使每名学生受益，所需的硬件、软件、网络以及专业教育资源则是雄厚的。尤其在经济较为落后的地区，资源短缺问题相对明显。基础的教育设备都成为"奢侈品"，而要想进行高质量的信息技术教育几乎成了不可能的任务。同样，专业的信息技术教育师资也是许多学校和教育机构面临的瓶颈。

对于这一问题，解决策略应当多方位、多渠道进行。政府作为社会的主导力量，需要对信息技术教育采取更积极的态度。这意味着不仅仅要在经费投入上给予足够的支持，还要在政策层面为信息技术教育的发展提供方向。对于资源匮乏的学校，可以通过政府与企业的合作模式实施专项资助或者设备捐赠，确保每所学校都有基本的信息技术设备。对于师资短缺的问题，除了加强师资培训外，还可以考虑引进行业内的专家和精英，通过短期培训、讲座等形式，为学校的师资队伍注入新的活力。在这个信息化快速发展的时代，信息技术教育不仅仅是一种趋势，更是每个学生应得的权利，因此，为其提供充足的资源支持是社会各界共同的责任。

（二）课程设置与教学方法不适应

信息技术的发展速度极快，新技术层出不穷，其在教育领域也得到了广泛的应用，但有些学校的信息技术教育面临着课程设置滞后的问题，

教学方法也无法跟上时代的步伐。这不仅影响了学生的学习兴趣，也无法充分挖掘他们的潜能。因此，学校和相关机构必须及时更新课程设置，确保将当下最新的技术和知识内容融入教学大纲之中。课程不应僵化固定，而应具备足够的灵活性，以适应学生多样化的学习兴趣和需求。同时，教师也要不断刷新自己的教学手法，比如，融入项目制学习和跨学科教学，以增强教学的针对性和有效性。只有这样，信息技术教育才能真正与时俱进，从而真正满足学生在这个数字化时代的需求。

（三）缺乏足够的实践机会

信息技术的学习需要大量的实践机会，因为实践是理论的最终归宿，实践在教学之中具有不可替代的作用。目前，有些学生仍然只能在理论层面上获得知识，真正的实践机会相对较少。这种缺乏实践的教学方式可能导致学生在真实应用场景中缺乏将知识付诸实践的自信和相应的技能。为了解决这个问题，学校可以与企业合作，提供实践基地和实习机会，它为学生提供了一个能够深入了解和应用所学知识的平台。通过这种合作，学生不仅可以亲身体验到真实的信息技术项目，还可以与行业内的专家直接交流，获得宝贵的经验和指导。此外，学校组织的信息技术竞赛与实践活动也为学生提供了锻炼和展示自己能力的机会，这不仅有助于培养他们的实践能力，还能够激发他们对信息技术的热情和兴趣。因此，为学生提供更多的实践机会是信息技术教育发展的方向。学校还可以组织各类信息技术竞赛和实践活动，以激发学生的学习兴趣和动力。

第三章 信息技术"赋能"高中英语教学创新的基础研究

第一节 信息技术"赋能"高中英语教学创新的必要性

一、时代发展的需求

当今时代,伴随着信息技术的快速发展,全球化和数字化已经渗透到每个角落,影响着人们的工作、学习和生活方式。当今社会,高素质的外语人才不仅需要掌握语言这一沟通与交流工具,还需要在其中加入信息技术的元素,使自身的综合素质更具竞争力和适应性。对于高中英语教学来说,必须进行一场深入的、与信息技术紧密结合的革新,以确保学生的素质不会落后于时代发展。

目前,以多媒体计算机技术和网络通信技术为主要标志的信息技术,对当代社会产生了一定影响。特别是,计算机多媒体融图、文、声于一体的认知环境以及先进的网络技术,使得人们关于教育、教学的传统观念发生了很大变化,从而导致教学内容、教学手段、教学方法、教学模式、教育思想,甚至教学体制都发生了改变。

信息化水平已经成为衡量一个国家现代化程度的重要指标,教育信息化是国家信息化的重要基础,教育的发展依赖于教育信息化。在当今这个快速变革的时代,教育核心已经从单纯的知识传递转向培养学生的综合能力和适应能力。随着科技的进步和经济全球化的深入推进,社会对人才的需求已经发生了重大改变，不再需要大量重复性、机械性的劳动者，而是需要具备创新思维、跨界合作和终身学习能力的复合型人才。在这样的背景下，传统的、基于教科书的、以教师为中心的教学模式已经难以满足时代需求。信息化教学，作为一种以学生为中心、强调互动和实践、突破时间和空间限制的教学模式，正是为了满足这种时代的新需求而产生的。它能够帮助学生在真实、复杂的环境中学习，可以更好地培养他们解决实际问题的能力，以从容应对未来的诸多挑战。

传统英语教学方法可能过于重视语法和词汇的积累，而忽略了语言在真实情境中的应用。但在这个全球化的世界里，英语已经不仅是一门学科，还是打开世界的钥匙。通过信息技术，学生可以直接与世界各地的人进行交流，体验到英语在实际应用中的魅力。例如，虚拟现实技术可以模拟出真实的国外环境，让学生在情境的体验过程中学习语言；大数据技术可以帮助教师更准确地把握每个学生的学习进度和需求，为其提供更有针对性的教学。此外，数字化资源如在线课程、影片、音频等，都为学生提供了更加丰富和多元的学习材料。教育的信息化使得教学活动呈现出新的发展特点与发展趋向，高中英语教学若想取得理想的育人成果，同样也要遵循时代发展的潮流，不断推动英语教学与信息技术的融合。

二、满足学生多样化学习的需求

（一）信息化教学有利于教师备课

现在的课件设计中包含有趣的动画、漂亮的图片、动听的歌曲等，给人一种赏心悦目的感觉，让一堂原本枯燥乏味的课变得生动活跃起来，教学效果有了很大提升。可见，互联网的普及为广大教师利用网上资源进行协同备课提供了便利条件。信息化教学集声音、图像、视频、动画于一体，既能充分调动学生的参与性、增加学生的可选择性，又能体现因材施教原则，使一些抽象、难懂、枯燥的理论变得具体、形象、生动，从而易于学生理解和接受，给传统教学注入了新的生机和活力，增强了教学的趣味性和实效性。

（二）构建个性化学习路径

在高中阶段，学生逐渐形成各自独特的学习风格，他们的认知方式、学习兴趣以及掌握知识的速度都存在着显著差异。在这种情境下，传统的"一刀切"教学方法往往难以满足所有学生的学习需求。然而，当今的信息技术为这一问题提供了创新的解决方案。通过智能化的学习平台和工具，教师可以实时监测学生的学习进度和问题点，进而调整教学策略，为每个学生提供更合适的学习资源和指导。比如，进度较快的学生可以通过在线资源进一步深化学习，而进度较慢的学生则可以获得更多的练习机会和详细的解释。此外，数字工具还能根据学生的偏好为其推荐合适的学习内容，如视觉型学生可以获得更多的图表和视频，而听觉型学生则可以得到音频资料。这种精准化的教学不仅提高了教学效果，还让每个学生都能感受到被重视和关心，从而更加积极地参与到学习过程中去。信息化教育，特别是构建个性化学习路径，正在逐步改变教育的面貌，为每个学生提供了更个性化的学习方式。

每个学生的学习进度、学习方式和兴趣点都有所不同。这意味着，同样的教学方法和内容，可能对于有的学生来说非常有效，而对于有的学生来说则可能效果甚微。在传统的教育模式下，教师很难为每个学生量身定制教学内容和方法，但在信息化教育的环境下，这一切都成了可能。教师可以根据学生的实际情况，为他们提供定制化的学习资源和任务。例如，一些学生可能对于词汇记忆有困难，需要更多的时间进行练习掌握；而另一些学生则可能在语法方面有所挑战，需要更多的例句和实践来加深理解。通过信息化教育平台，教师可以为每个学生提供针对性的学习材料和练习的机会，确保每个学生都能在自己的节奏下取得最大化的学习效果。

此外，信息化教育还提供了更丰富和多样的学习资源。传统的教材和教案往往内容固定，更新速度慢；而信息化教育平台上的资源则可以实时更新，确保学生接触到的是最新且最有价值的信息。比如，一些学生可能对于英美文化非常感兴趣，想要了解更多关于这方面的知识。在信息化教育平台上，他们可以找到大量的相关视频、文章和讨论，帮助他们深入了解并吸收这方面的知识。对于那些希望提高口语和听力的学生，平台上也有大量的原声音频和视频资源，他们可以反复练习，直到达到自己满意的水平。

（三）提供了丰富的学习资源

传统单一的教学模式造就了学生学习方式的单一和被动，以至于大多数学生形成了机械记忆、浅层理解和简单应用的学习习惯，对知识的理解主要来源于教师的灌输和讲解，缺乏自己的理解和解剖，只能被动地接受教师传授的内容。有的学生认为，英语在社会人际交往中的实用性不强，学习英语更多的是为了应对高考，以至于学习英语时常常死记硬背，无法灵活地运用英语知识进行英语语言的表达，不利于学生自身创新能力和实践能力的提升，更不利于其综合能力的发展。

信息化教育引领了英语教学方法的革命。在过去，学生的资源主要来源于课堂和教科书；而如今，网络和数字技术为他们打开了一个全新的知识世界。无数的在线资源，如视频教程、音频讲座、互动练习和模拟实验，都使得学习资源更丰富、更有深度。特别是对于语言学习者，这种多元化的学习资源提供了真实的语境体验，不仅可以听到多种口音，还可以模拟实际的交流场景。信息化教育还鼓励了学生的自主学习。传统教育方法往往强调标准化和统一化，但现今的数字资源允许学生根据自己的兴趣和需求来选择学习材料。这样的个性化学习不仅有助于提高学生的学习热情，还能够更好地满足他们在不同学科和领域深入探索的需求。

三、保障英语教学质量的重要手段

（一）提升课堂教学效率

信息技术的应用有利于大幅度提高英语课堂的教学效率，优质、高效的英语课堂教学效率意味着英语教学节奏明快，教学环节紧凑，知识教学与语言应用的转换流畅。在当今数字化时代，信息技术已经深刻改变了英语课堂教学的面貌，为提高课堂教学效率提供了前所未有的工具和策略。通过信息技术，教师可以实时获取学生的反馈，及时调整教学策略，使教学内容和方式更贴近学生的实际需求。例如，智能化在线练习系统可以自动为学生提供个性化的练习题目和反馈，使得课堂上的练习转换与环节交替更紧凑和高效。同时，丰富的多媒体资源如音频、视频和互动动画，不仅使英语学习更加生动和有趣，还帮助学生更加直观地理解和掌握语言知识。信息技术也为课堂营造了一个轻松、愉快且适度紧张的氛围，让学生在轻松的环境中挑战自我、勇于尝试，从而更加积极地参与课堂互动。这样的课堂不仅大大提高了英语教学的质量和效果，还为学生提供了一个充分展示自我、深化理解和提升技能的平台。

（二）拓展学生的思维空间

中学英语教学中对信息技术手段应用的关键在于充分体现并调动学生的学习积极性，从而使学生的听、说、读、写、译综合能力得到进一步提高。在中学英语教学中，信息技术手段的运用已不仅仅是为了传递知识，更是为了激发学生的学习热情和创新思维。通过技术的支持，教师能够创设一个仿真的英语交际环境，让学生在互动中体验用英语进行真实沟通的感受。这种沉浸式的学习方式能够使学生的左右脑都得到锻炼，使他们既能够逻辑清晰地理解语言结构，又能够灵活运用语言进行交际。更关键的一点是，信息技术为学生提供了无数的实践机会，无论是模拟的角色扮演还是跨越地域的在线交流，都能让学生深度参与，真正体验到语言的魅力和功能。在教师的引导下,学生不仅能提高听、说、读、写、译的综合能力,还能在大容量的仿真交际中拓宽思维,增强自信,为未来的生活和工作打下坚实的语言基础。这种以学生为中心、注重实践和体验的英语教学方式,无疑将为学生的全面发展提供强大的支持和助力。

(三)创设良好的教学情境

信息技术在英语教学中的运用是时代教育发展的必然趋势,它可以创设一个逼真且充满活力的英语交际环境,这种技术导向的教学模式突破了传统教室的空间限制,让学生在同一教学空间中体验到不同的交际情境。无论是通过虚拟现实技术模拟出的英语国家街头,还是与全球学生的实时在线互动,都让学生感受到英语交际的真实性。这样的情境式学习促进了学生的主动参与,提高了他们的语言实践和运用能力。更重要的是,技术手段的引入为每个学生提供了展示和发挥自身特色的机会,允许他们根据自己的学习风格和节奏进行调整,与教师进行更深入的交流。这样,不仅满足了学生的多样化需求,也为个性化英语教学铺设了道路,从而使学生在这个富有创意和挑战性的环境中,实现了更高层次的英语学习,也非常有利于学生英语运用能力的提升。

第二节 信息技术"赋能"高中英语教学创新的可行性

一、技术的发展

(一)技术设备的发展与普及

在现代社会,智能设备已经成为人们日常生活和学习的一部分,手机、平板和电脑不再是稀罕物,而是随手可得的学习工具。这种广泛的普及不仅归因于设备本身的逐渐普及，还得益于硬件性能的持续提高和设备成本的降低。随着技术的进步，现在的智能设备性能更强大，能够支持各种应用程序的流畅运行，从而为学生提供了丰富的学习资源和工具。而设备成本的下降意味着更多学生能够负担得起这些设备，不必因经济原因而错过学习的机会。因此，高中生能够更方便地利用这些设备来辅助学习，无论是查找资料、观看教育视频，还是进行线上交流和合作。这样的趋势确保了信息化技术在高中英语教学中的广泛应用，帮助学生更有效地吸收知识、提高学习效率。而教育者也因此得以采用更具创新性和多样化的教学方法，从而进一步提升教学质量。

（二）云计算的崛起

云计算技术为现代教育领域的变革注入了活力。在过去，学校与教育机构往往需要依赖昂贵、复杂的本地服务器来存储和处理数据，这不仅会增加经济支出，还涉及烦琐的维护工作。云计算的出现彻底改变了这一局面。通过云端服务，教育机构可以轻松地存储和管理海量信息，从课程内容到学生资料，一切都能迅速、安全地保存。更重要的是，云计算为学生带来了稳定且强大的在线学习资源。无论身处何地，只要有网络连接，学生就可以随时访问所需的教育材料和工具。而对于教育者而言，云计算平台提供了强大的教学支持，无论是课程设计、资源共享还是学生管理，都变得更简便、更高效。这种灵活性和效率的提升大大推进了教育的现代化进程，使得学校和教育机构能够更好地适应快速变化的教育需求，满足学生日益增长的学习渴望。

（三）人工智能与大数据技术的发展

人工智能与大数据在教育领域的融合已引发教学方法的深度革新。传统教育模式往往采用"一刀切"的方式，导致所有学生接受的都是相同的教育内容和方式，忽略了他们的个性化需求。而现代技术的出现打破了这一局限。人工智能的算法，通过分析每个学生的学习数据，能够生成针对性的学习建议和路径，这意味着每个学生都可以得到与其学习特点和需求完美匹配的指导。与此同时，大数据分析为教育者揭示了学生学习的深层次模式和趋势，使得他们能够迅速捕捉到学生的学习困境，以提前制定解决策略。这种技术驱动的教学策略不仅提高了学生的学习兴趣和积极性，还大大增强了教学效果，有助于每个学生都能够在最适合自己的环境中实现最佳学习效果。如此，教育不再是单一的知识传递，而是真正实现了因材施教，让每个学生得到最合适的教育资源和帮助。

（四）教育资源开放水平不断提升

开放与共享是当今时代重要的发展特征和发展理念，开放教育资源的不断发展正在颠覆传统的教育资源获取方式。在过去，教学内容和资料往往受限于地理位置、版权问题与经济因素，导致许多学生和教师难以接触到优质的教育资源。然而，开放教育资源的推广打破了这些障碍，无论是著名大学的课程讲座，还是经验丰富的教育者的教学设计，都可以轻松地被全球的用户访问和利用。这种共享模式为高中英语教学带来了前所未有的机会。学生不再局限于教材和传统的教学方法，他们可以探索来自世界各地的内容，与国际同伴交流，深入了解英语的文化和语境。教师也得以融合全球的教育智慧，提炼和创新自己的教学方法。这不仅促进了教育质量的提升，还鼓励了国际化的视野和跨文化的理解。在这种开放的环境中，高中英语教学变得更生动、更多元、更实用，满足了现代社会对于全球化人才培养的需求。

二、学生能力与认知水平的提升

（一）学生认知水平的提升

随着学生认知水平的提升，他们对学习的渴望、方法和能力都发生了显著变化。高水平的认知能力意味着学生能够更好地理解、处理和应用复杂信息。在这种情境下，信息化技术与高中英语教学的融合变得更加有力。学生具备对数字技术的深入理解，不仅仅是指懂得如何使用这一技术，更重要的是知道如何将技术与学习内容相结合，以实现最佳的学习效果。他们能够独立地探索在线资源，识别高质量的学习材料，并有效地结合这些资源来促进自己的英语学习。更高的认知水平还使学生更容易理解和使用技术提供的多媒体与交互功能，如视频、动画和模拟练习，这些功能为他们提供了直观和实际的学习体验。同时，高认知水平的学生更能够进行自我调节，有效地利用信息化技术为他们提供的个性化学习路径和策略。总之，学生认知水平的提升为信息化技术与高中英语教学的完美融合奠定了坚实基础。

（二）学生自主学习能力的提升

随着学生自主学习能力的提升，信息化技术与高中英语教学的融合变得更加顺畅和有效。具备自主学习能力的学生能够独立设定学习目标，主动寻找和筛选适合自己的在线资源。这种主动性配合丰富的数字化教育资源，为学生提供了更广阔的学习空间和机会。当学生遇到问题时，他们可以利用在线工具和平台，如问答社区、视频教程或交互式模拟，迅速找到解决方案，从而减少对传统教师资源的依赖。自主学习能力的提升意味着学生能更好地掌控自己的学习节奏，按照自己的进度和兴趣使用技术工具进行深入学习或补充知识。这不仅增强了学生的学习动机，还使得教学过程更灵活、更多样。因此，学生的自主学习能力越强，他们越能够有效地利用信息化技术，使高中英语教学过程更加个性化、高效且富有创新性。

三、政策的支持

在过去的几十年中，教育信息化在促进教育公平、提升教育质量、推动教育创新、引领教育变革方面发挥了重要作用。在党和国家的高度重视下，教育信息化的发展进程仍在加快。从"三通两平台"到"三全两高一大",再到"教育数字化转型",从建设、应用到融合、创新,可以说,当前我们正在进入教育全面数字化转型的发展阶段。

2012年,《教育信息化十年发展规划(2011—2020年)》发布;2018年,《教育信息化2.0行动计划》发布,并提出到2022年实现"三全两高一大"的基本目标;2022年2月,《教育部2022年工作要点》明确提出实施教育数字化战略行动;党的二十大首次将"推进教育数字化"写进了报告,这些都体现了党和国家对于教育信息化发展的高度重视。

教育部于2012年3月13日通过《教育信息化十年发展规划(2011—2020年)》,提出以教育信息化带动教育现代化,是我国教育事业发展的战略选择,并指出要建设覆盖城乡各级各类学校的教育信息化体系,促进优质教育资源普及共享,推进信息技术与教育教学深度融合,实现教育思想、理念、方法和手段全方位创新。

2016年颁布的《教育信息化"十三五"规划》强调了教育信息化面临的一系列问题,并指出云计算、大数据、物联网、移动计算等新技术逐步广泛应用,经济社会各行业信息化步伐不断加快,社会整体信息化程度不断加深,信息技术对教育的革命性影响日趋明显。同时,该文件还为教育信息化的发展明确了指导思想、工作原则以及发展目标,为教育信息化的科学推进绘就了蓝图。

教育部于2018年4月13日发布的《教育信息化2.0行动计划》(以下简称《计划》)将关注重点放在了深入贯彻落实党的十九大精神,办好网络教育,积极推进"互联网+教育"发展,加快教育现代化和教育强国建设。《计划》提出,以习近平新时代中国特色社会主义思想为指导,全面贯彻党的十九大精神,围绕加快教育现代化和建设教育强国新征程,落实立德树人根本任务,因应信息技术特别是智能技术的发展,积极推进"互联网+教育",坚持信息技术与教育教学深度融合的核心理念,坚持应用驱动和机制创新的基本方针,建立健全教育信息化可持续发展机制,构建网络化、数字化、智能化、个性化、终身化的教育体系,建设人人皆学、处处能学、时时可学的学习型社会，实现更加开放、更加适合、更加人本、更加平等、更加可持续的教育，推动我国教育信息化整体水平走在世界前列，真正走出一条中国特色的教育信息化发展路子。

中共中央、国务院于 2019 年 2 月印发的《中国教育现代化 2035》提出了推进教育现代化的八大基本理念：更加注重以德为先，更加注重全面发展，更加注重面向人人，更加注重终身学习，更加注重因材施教，更加注重知行合一，更加注重融合发展，更加注重共建共享。该文件强调要建设智能化校园，统筹建设一体化智能化教学、管理与服务平台。利用现代技术加快推动人才培养模式改革，实现规模化教育与个性化培养的有机结合。

2021 年 1 月，教育部等五部门发布的《教育部、发展改革委、工业和信息化部、财政部、广电总局关于大力加强中小学线上教育教学资源建设与应用的意见》强调，将信息技术在教育教学中的融合应用作为推进"教育＋互联网"、深化基础教育育人方式改革、加快推进教育现代化的重大战略工程，加强系统谋划，加大工作力度，并提出了如下主要目标："到 2025 年，基本形成定位清晰、互联互通、共建共享的线上教育平台体系，覆盖各类专题教育和各教材版本的学科课程资源体系，涵盖建设运维、资源开发、教学应用、推进实施等方面的政策保障制度体系。学校终端配备和网络条件满足教育教学需要。师生信息化素养和应用能力显著提升，利用线上教育资源教与学成为新常态。优质教育资源共享共用格局基本完善，信息化推动教育公平发展和质量提升的作用得到有效发挥。"

2022 年 11 月，《教育部办公厅关于开展信息技术支撑学生综合素质评价试点工作的通知》发布，将信息技术运用于学生评价之中，体现了信息技术与教育活动融合的进一步加深。

从一系列政策可以看出，党和政府对于教育信息化发展予以高度重视，也通过制定相关政策，为教育信息化的不断发展提供了坚实保障。

第三节　信息技术"赋能"高中英语教学创新的侧重点

一、注重线上线下教学相结合

（一）全面发展的要求

全面发展已成为现代教育的核心理念。在高中英语教学的信息化进程中，线上与线下的融合显得尤为关键。线上学习，利用其丰富的资源、模拟场景和交互性体验，赋予学生在无边界的数字世界中探索和实践的机会。这不仅锻炼了他们的自主学习能力，还让他们在真实和模拟的语境中，对英语知识进行深度的探讨和应用。学习不仅仅是知识的传递和技能的获取，它更关乎情感的交流和人际的连接。线下的实体课堂正好弥补了这一点。在这里，学生可以与教师进行面对面的交流，与同学展开真实的对话，体验团队合作带来的喜悦与挑战。这种真实的人际交往对于培养学生的社交技能、增强团队协作精神以及建立情感连接具有不可替代的价值。线上与线下教学的有机结合，正好满足了学生在技术掌握与人际交往两个层面上的全面发展需求，为他们的未来做好了充分准备。

（二）个性化与集体化相结合

在高中英语教学中，需要注重个性化与集体化相结合。线上学习凭借自身具备的丰富资源库和智能化工具，可以为每个学生提供与其知识水平、学习速度和兴趣爱好相匹配的学习内容。这种灵活性使得每个学生都能在自己的舒适区内进行学习，进而更加深入地掌握知识、发掘潜能。当然，学习从来不是一个孤立的过程。集体环境中的学习不仅仅是知识的传递，更是情感、经验和文化的共享。线下的课堂交互为学生提供了一个共同平台，让他们在实践中交流观点、探索答案，并在合作中实现目标。这种集体的动力对于培养学生的团队合作精神、增强社交技能和建立共同的价值观具有至关重要的意义。个性化的线上学习与集体化的线下交互相得益彰，共同为学生提供了一个既满足个体差异又强调共同成长的完整学习体验。

（三）深度学习的要求

深度学习超越了表面的知识吸收，追求对知识的深入理解和应用。线上资源，如视频、动画和模拟练习，正是这一要求的有力工具。它们以直观和生动的形式呈现信息，使复杂的语言结构和文化背景变得更易于理解。这种多媒体的呈现方式可以吸引学生的注意力，激发他们的兴趣，并帮助他们从不同的角度看待问题。当学生回到线下的课堂时，这些数字化的资源成为讨论和实践的基础。教师可以组织小组活动，鼓励学生分享他们在线上获得的见解，通过讨论和辩论进一步深化学生对内容的理解。这种线上与线下的完美结合不仅能保证知识的广度，还能满足对学生深度学习的核心要求，让学生在探索中成长，在实践中进步。

（四）反馈与指导的需求

线上学习平台凭借自身先进的技术确实能为学生提供及时且精准的反馈，从而帮助他们识别错误、理解概念，甚至提供解决方案。但这种反馈往往是机械性的，缺少人性化的关怀和理解。而教师的面对面指导则更具独特价值。教师可以根据每个学生的个性、需求和进度来提供有针对性的指导与评价。他们的反馈不仅基于学生的表现，还深入学生的情感和心理层面，帮助他们建立自信，并激发学习的兴趣和动力。教师的鼓励和支持在许多情况下都是不可替代的，它们对学生产生积极的影响，使他们更加坚定地追求学术目标。尽管线上平台的反馈机制有其优势，但它并不能完全取代教师在学生学习旅程中的关键角色。真正高效的学习环境应该兼顾技术的便利性和教师的人性化关怀。

二、注重学生核心素养的培育

（一）核心素养的提出

新时代，学生核心素养的培育成为教育改革的重要内容，核心素养是党的教育方针的具体化，也是连接宏观教育理念、培养目标与具体教育教学实践的中间环节，培育学生核心素养是立德树人的内在要求和重要途径。

核心素养的提出源于 20 世纪末至 21 世纪初这一新的发展时期人们需要掌握的核心能力的认识和需求的新认识。随着信息技术和科学技术的飞速发展，世界范围内各国社会、经济、文化等领域都在不断地发生变化，这对人们的能力和素质提出了更高要求。在这种背景下，核心素养的概念被提出，旨在强调人们应该具备的基本素质和技能，以适应并应对未来的挑战。

我国推进核心素养的研究与落实，是内因与外因、国内背景与国际背景相互作用的结果，以核心素养作为基础教育育人目标，与国际教育改革背景相适应，与国际先进教育理念接轨，但同时，又不是机械照搬，而是在借鉴国外先进经验的基础上进行的一种立足于我国教育发展实践的课程和教学改革。

（二）核心素养的内涵

核心素养是新时代贯彻党的立德树人根本任务的具体举措。基础教育阶段的教学是落实立德树人根本任务最重要的载体之一，而立德树人本身是一种育人价值观，若想将其转化为具体、系统的基础教育阶段的育人目标与教学指导理念，就需要基于核心素养组织基础教育阶段的课程与教学。中国学生发展核心素养以促进人的全面发展为核心，主要包括三个方面内容，分别是文化基础、自主发展和社会参与，具体表现为人文底蕴、科学精神、学会学习、健康生活、责任担当、实践创新这六大素养，还可以再细分为审美情趣、理性思维、乐学善学、健全人格等十八个基本要点。各核心素养之间也并不是孤立存在的，而是呈现出一种辩证统一的关系，各个素养之间是一种相互联系、相互补充、相互促进、相互融合的关系，且不同的素养在结构上也并不是并立的，而是呈现一种包含与交叉的关系。中国学生核心素养的基本内涵主要由以下素质构成，如图 3-1 所示。

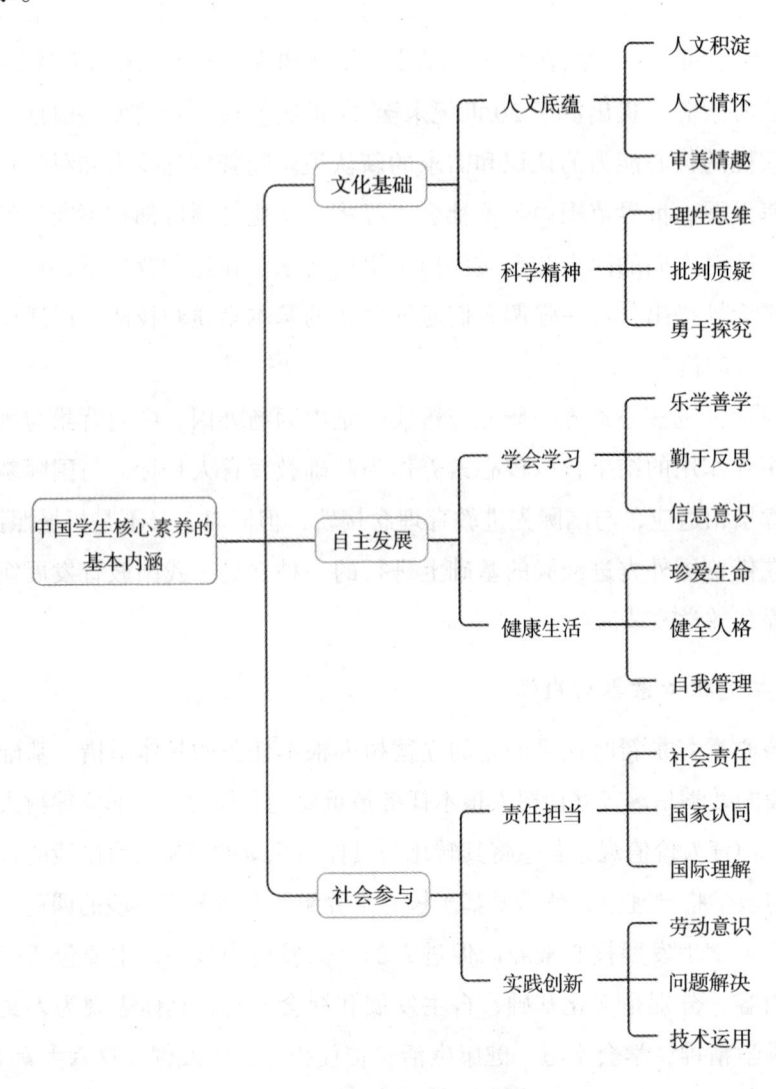

```
中国学生核心素养的基本内涵
├── 文化基础
│   ├── 人文底蕴
│   │   ├── 人文积淀
│   │   ├── 人文情怀
│   │   └── 审美情趣
│   └── 科学精神
│       ├── 理性思维
│       ├── 批判质疑
│       └── 勇于探究
├── 自主发展
│   ├── 学会学习
│   │   ├── 乐学善学
│   │   ├── 勤于反思
│   │   └── 信息意识
│   └── 健康生活
│       ├── 珍爱生命
│       ├── 健全人格
│       └── 自我管理
└── 社会参与
    ├── 责任担当
    │   ├── 社会责任
    │   ├── 国家认同
    │   └── 国际理解
    └── 实践创新
        ├── 劳动意识
        ├── 问题解决
        └── 技术运用
```

图 3-1　中国学生核心素养的基本内涵

（三）高中英语教学中需要重视学生核心素养的培育

在当今时代下，仅仅掌握语言知识和技能已经不能满足高中英语教学的长远目标。高中英语教学必须关注学生核心素养的培育，这是因为这种素养不仅关乎语言能力的形成，还涉及学生未来在全球化背景下的综合能力和竞争力。

核心素养强调的是学生的批判性思维、问题解决、团队合作、信息处理和跨文化交际等能力的培养。这些能力在现今的社会中显得尤为重要，因为它们直接影响到学生将来在工作和生活中的表现。例如，批判性思维能帮助学生在面对大量信息时辨别事实和观点，从而做出明智的决策；而团队合作和跨文化交际能力则为学生在多元化的环境中顺利交往、合作与解决问题提供了保障。高中英语教学中关注核心素养的培育还有助于学生建立一种终身学习的态度。在不断变化的社会和经济环境中，单一的知识和技能很快就会过时，而具备了核心素养的学生则更容易适应变化、持续学习和成长。因此，高中英语教学不应仅仅关注传统的语言知识和技能，还要将视野拓展到核心素养的培育，为学生的未来成功打下坚实的基础。

三、保证教学过程不偏离教学目标

信息化技术为教学带来了许多先进的教育工具和资源，如在线教育平台、互动式学习软件、数字化教材等。这些教育工具和资源有助于拓展学生的学习空间，提高学习效率，丰富学习体验。与此同时，它们也为教学过程带来了许多挑战，其中最大的挑战就是如何保证教学过程不偏离教学目标。

教学目标是教育活动的指引和核心。它反映了教育者对学生应达到的知识、技能和态度的期望。任何一个成功的教学过程，其核心都是要确保学生能够达到这些预定的目标。然而，在高中英语信息化教学中，由于技术手段的多样性和丰富性，教师和学生很容易被这些手段所吸引，从而忘记了教学和学习的目标。例如，为了让课堂教学更加生动有趣，教师可能会使用大量的多媒体资源和互动工具，如果这些资源、工具与教学目标不匹配，或者超出了学生的认知能力，那么它们就可能成为教学的"干扰因素"，导致学生偏离了学习的正确轨道。

为此，高中英语教师在信息化教学中应坚持以下原则。一是始终以教学目标为导向，确保所有的教学活动、资源和工具都是为了帮助学生达到这一目标。这就要求教师在课前做足准备，明确每节课的教学目标，选择与之匹配的教学资源和方法。二是适度使用技术手段，避免过度依赖技术。技术只是教育的工具，不是目的。教师应根据学生的实际情况，选择最适合他们的技术手段，确保技术真正服务于教育。三是定期对教学过程进行反思和评估，检查是否偏离了教学目标，及时调整教学策略，确保教学活动始终在正确的轨道上进行。

第四章 信息技术"赋能"高中英语教学创新的理论支撑

第一节 "以人为本"教育思想

一、"以人为本"教育思想的理论基础

（一）马克思主义"以人为本"的哲学思想

信息技术"赋能"高中英语教学创新首先体现在理念创新上，信息技术对于教学活动有着很强的辅助作用，能够将先进的教学理论更好地应用于实践，其中最突出的便是"以人为本"教育思想的运用，在信息技术的辅助下，高中英语教学新课改的推进必须坚持以学生为本，重视学生的主体地位，更好地促进学生对于英语知识的掌握。

与传统哲学理念中强调"抽象的人"不同，卡尔·海因里希·马克思（Karl Heinrich Marx）将人看作"现实的人"，他认为从本质上讲，人是一切社会关系的总和。"现实的人"这一概念是马克思历史唯物主义研究的出发点和归宿。马克思定义"现实的人"是以物质生产活动为基础的，处于一定历史条件下，在一定的社会关系中从事生产实践活动的，有思想、观念和意识的个人。作为马克思主义理论重要的组成部分，历史唯物主义揭示了人类社会发展的一般规律，强调了人民群众在人类历史发展进程中的主体地位。人是实践的主体，人民群众是社会历史的创造者，是所有物质财富与精神财富的创造者，也是促进社会变革的主要力量。

　　人既是发展的根本目的，也是发展的根本动力，"以人为本"中的"人"，是指广大的人民群众，既不是抽象的人，也不是特指某个人、某些人，人是实践的主体，所以发展需要依靠人民群众，但发展同样也需要为了人民群众。历史唯物主义认为，历史是人民群众创造的，也只有人民才是创造世界历史的根本动力，因此，在开展实践时，要充分重视人民的重要性，要始终站在最广大人民的立场上。而具体到社会发展的各领域，"以人为本"中的"人"，则是指发展的主体，比如，在教育中贯彻"以人为本"的理念，就是以学生为本。

　　以人为本重视人的发展。马克思主义强调人的发展应该是自由、和谐、充分地发展，人是社会的人，人的发展与社会的发展紧密相连，两者互为发展条件。人是社会实践的主体，人在已有实践条件的基础上充分发挥主观能动性，不断进行创造性实践，在实现自我发展的同时，推动社会不断向前发展，而社会的发展又为人的发展创造了新的实践条件。当代教育强调学生的发展，这也与马克思主义关于人的发展的相关理论相吻合。

　　马克思主义关于个体全面发展是相对于人的片面发展而提出来的，马克思从社会实践出发，在批判资本主义社会"畸形发展"的片面性、工具性和有限性的基础上，阐明了人的发展的具体内涵，即个人的能力、社会关系和人的个性的全面、自由且充分地发展。马克思主义理论重视人作为实践主体的重要性，因此，关于人的发展的论述是马克思主义理论中的重要组成部分，是马克思主义理论的核心命题之一。马克思主义对于我国各领域的发展具有重要指导作用，在教育领域同样如此。马克思主义关于人的全面发展的论述主要包括以下几点。

　　1.人的平等发展

　　伴随着社会实践的发展，人类社会开始出现了分工，这种分工将人们的发展限制在了一定范围之内，或是行业，或是区域，在一定程度上造成了人的发展的片面性，而资本主义社会的出现更是将这种社会分工推向了一个新高度，人们的社会分工日益复杂，人的发展开始脱离原本自由的状态，变得畸形。若想实现人的全面发展，就必须促进个体的解放，使人人享有平等的发展权。

中国是人民当家作主的社会主义国家，因此在人的发展上是平等的，在教育之中，虽然学生在受教育权力上是平等的，但由于教育理念与教育模式的限制，部分学生的个性化发展程度存在一定差异，这就需要学校不断丰富自身的软件和硬件教育资源，同时更新教学理念，拓展教学模式，给予学生更多获取知识的路径，保证不同个性特点的学生获得平等的发展机会。

2. 人的自由发展

人的全面发展包括人的综合素质提升，这种综合素质提升既包括知识、情感、意志的均衡发展，也包括人的道德感、智力、体力、个性的共同提升，还包括人的政治权利、经济权利和社会权利的有效保证。自由发展是人的全面发展的重要内容，没有自由就难以保证不同个体均能实现自身的全面发展。自由发展，即尊重人的个性和创造性的发展，表现为人的潜能的极大发挥，只有个体的某一种潜能得到极大发挥才能被称为真正的"全面发展"。

人的自由发展体现在教育中是重视学生的主体地位，转变以往以教师为绝对核心的教学模式，提升学生的自主学习能力，教师主要发挥引导与答疑解惑的作用，帮助学生自主探求知识。

3. 人的充分发展

人的全面发展不仅包括人的平等发展、自由发展，还包括人的充分发展，充分发展体现的是个体发展的程度，这种充分发展是与社会历史的发展阶段相适应的，由于社会实践与历史条件的制约，人对于客观世界的认识以及人自身开展实践的丰富程度和能力是与社会历史相对应的，人的发展也呈现出阶段性特征。伴随着实践的发展，人们认识世界与改造世界的能力不断提高，物质基础与社会关系都处于不断发展的过程中，人们自身的发展水平也因此而不断获得提升。

人的充分发展体现在教育上，是指学生能够通过接受教育实现自身知识与技能结构的不断完善，能够实现自身身心健康的良好、协调发展，能够充分发展自己的个性与特长，能够实现自身综合素质的不断提升。实现学生的充分发展，需要学校为学生提供足够的软件、硬件资源支撑，拓展学生的学习方向与获取知识的途径，提升教师的专业化发展水平，以充分激发学生的潜能，帮助学生在自己擅长的领域取得长足发展。

马克思主义理论对于人的发展十分重视，认为人是实践的主体，是世界一切精神财富与物质财富的创造者，国家的发展与国民自身的发展是息息相关的。因此，教育作为培养人才的重要途径，对于个体的知识结构、技能结构以及思想道德素质具有重要的塑造作用，直接影响着一个国家的未来，特别是对于教育而言更是如此。因此，国家社会的进步需要重视人类个体全面、充分的发展。[1] 而教育的推进也需要重视学生的全面发展。

在社会实践中，人既被社会现实所塑造，又在社会发展中不断实现自身的发展。在人与社会构成的社会共同体中，社会也处于持续发展状态，由简单性向复杂性发展，由单一性向多元性发展。因此，人是建设社会和实现目标的决定性因素，社会中一切工作的开展都需要以人为中心。坚持以人为本的理念，促进人的全面发展，就是推动社会进步的根本条件。

习近平总书记在中国共产党第二十次全国代表大会上的报告中再次强调了以人民为中心的重要性，强调要坚持以人民为中心的发展思想。维护人民的根本利益，增进民生福祉，不断实现发展为了人民、发展依靠人民、发展成果由人民共享，让现代化建设成果惠及全体人民。而具体到教学活动中，以人为本就是要重视教学活动主体作用的发挥，就是

---

[1] 杨兆山，张海波. 教育学——培养人的科学 [M]. 长春：东北师范大学出版社，2017：155-165.

以学生为本。

(二)因材施教理论

因材施教是"以人为本"理念在实践教学过程中的鲜明体现，其重视在教学过程的推进中，在教学方法的选择上充分贯彻"以人为本"理念，因为学生在个性与天赋上存在很大差异，教育活动若不能关注到这些差异性，就很难保证教育的质量与效率。因材施教指的是教师在教学过程中，根据学生不同的认知水平、学习能力、性格特点以及生活环境，有针对性地选择适合不同学生的教学方法进行教学。因材施教的教育方法由来已久，在《论语·先进篇》中，就记载了孔子因材施教的典型案例。

因材施教是以人为本理念在教学实践中的表现，是一种尊重学生个性化发展的教学理念，它不仅要重视学生知识的积累，还要重视对于学生自主学习能力的培养和提升，根据学生的特点因势利导，引导学生充分开发自己的潜能，然后进行创造性实践。

具体到实践教学之中，因材施教理论要求教育工作者要全面、深入地了解学生，正视学生之间的差异，同时充分发挥自身的主观能动性，灵活选用不同教学方法以提升教学活动的针对性，实施个性化教学与管理，只有这样才能使整个课堂都在自己的掌握之中，也能使每个学生都真正参与到课堂学习中去。具体来说，教育工作者要根据学生不同的个性特征制订好教学计划，安排好每个教学环节，针对不同的学生实行不同的管理方式，保证学生在学习和掌握基本知识与技能的同时，充分发挥自己的个性，以获得身心的健康成长。

(三)人本主义学习理论

1.人本主义理论的内涵

人本主义理论兴起于20世纪五六十年代，由美国心理学家马斯洛创立，是心理学的重要流派之一，其强调人的尊严、价值、创造力和自我实现。

人本主义既反对只针对人类行为进行研究的行为主义，也不认同弗洛伊德只研究神经症和精神病人的行为，因此被称为"心理学的第三种思潮"。人本主义将研究的落脚点放在人的成长与正向的心理发展上，同时又汲取了哲学当中存在主义的部分思想，强调自由的重要性与人生价值的意义。

马斯洛认为，动机是人类个体成长的内在力量，而动机的形成受诸多因素的影响，其中最关键的就是人类发展的需要。人类的需要多种多样，而各种需要之间，又有高低层次之分，不同需要形成的动机将决定人类的行为，进而影响个体发展的境界。

马斯洛最初将个体的需要划分为五个层次，后来又扩大为八个层次。

（1）生理需要。满足生存的最基本需求，包括空气、水、食物、睡眠等。

（2）安全需要。安全是人类个体生存的重要需求，安全、稳定、秩序井然的环境可以为个体的发展提供保障。

（3）归属与爱的需要。人类是生活在具体社会环境当中的，具有社会性，人类个体需要与他人建立一定的联系，比如，结交朋友、追求爱情，才能更好地生存和发展。

（4）尊重需要。尊重需要分为两个方面，一方面是对自己的尊重，另一方面是尊重他人。

（5）认识需要。人类发展需要探索、获取和理解知识，只有掌握了知识，才能寻求进一步的提升。

（6）审美需要。人们需要满足自身对于审美的欲望，人类的审美需要主要表现为审美欲望、审美要求、审美意向与对美的寻找和探索等。

（7）自我实现需要。人们需要不断完善自己的能力，以满足自我实现的愿望。

（8）超越需要。人们需要不断追求更高层次的发展，超越自身原本状态的需求。

2. 人本主义学习理论的内涵

人本主义学习理论强调人的发展、情感、态度等因素对于教学的影响。人本主义学习理论同样强调学习者在教学过程中的主体地位，同时还强调学习过程与学习者的发展。

人本主义学习理论从学习者自我实现的角度来考察教学活动，认为知识学习是服务于学习者的个人发展的，教育的目的是帮助学生学会学习，将学习本身抽象为一种品质，这种品质可以帮助学习者树立正确的学习理念、探寻合适的学习方法，实现个人的全面发展。因此，在教学实践中，教师不能简单地将学生当作教学对象，而是应该将学生视为谋求发展的个体，是教学活动的重要参与者。

人本主义学习理论的重要代表人物是美国心理学家罗杰斯。罗杰斯认为，人类的情感与认知是不可分割的，教学的目标是促进人躯体、情感、知识、精神的全面发展，他主张以学习者为中心组织开展教学活动，促进学习者自我学习能力的提升，不断追求自我发展与自我实现。罗杰斯对于教学活动还有更详细的阐述，包括以下五点。

（1）注重潜能激发。教学活动的主要目标之一是激发学习者的潜能，教师在教学过程中应该为学生提供良好的学习氛围，在传授知识的同时帮助学习者加深对于自我的理解。

（2）自主选择教学资料。学习者拥有选择教材的自主权，好的教材应该贴合学习者的实际生活、符合学习者的发展意向、切合学习者的能力水平。

（3）注重学习者的情感教育。教师在教学过程中，应当注意观察学习者的内心感受与情感变化，帮助学习者建立有效的沟通渠道，及时发现学习者由于各种因素引起的心理问题并提供心理辅导与其他帮助。

（4）强调自主学习能力的培养。在实践教学中培养学习者的学习兴趣，注重学习者自主学习能力的提升。

（5）注重教学多元化。鼓励学习者积极参与社会活动，培养自我求知能力。

3. 人本主义学习理论的主要观点

（1）强调学习者的主体地位。人本主义学习理论强调学习者自主学习意识的培养与自主学习能力的提升。该理论认为在教学过程中，教师应该重视学习者自主的思想，鼓励学习者在学习和探索知识时充分发挥主观能动性，分析自身的学习特点与学习现状，根据自身的学习需求自主制订学习计划，选择适合自己的学习方法，对自己的学习进程进行跟踪监控，总结分析自己的学习成果，反思自身在学习中存在的问题。学习者是学习的主体，应当在教师的帮助下，通过建构知识内容，实现自我的发展与提升。

（2）关注学习者的内心世界。人本主义着重讨论"人"的概念和意义，认为"人"是研究和理解人类社会与人类思维的基础，人本主义学习理论同样重视学习者的内心世界对于教学的影响，认为学习是学习者的主观行为，在教学中应当将学习者的认知、情感、动机等主观因素放在十分重要的位置。人本主义学习理论既反对行为主义将人当成动物进行简单的行为分析，也反对弗洛伊德将对于特殊群体的研究成果应用到普通人身上，人本主义学习理论强调促进人的正向发展，认为教育者应该更多地了解学习者的内心世界，根据学习者的兴趣、认知、情感、动机等因素调整教学方式，培养学习者的自主学习意识，提高学习者的自主学习能力。[①]

（3）重视学习者潜力的开发。人本主义学习理论认为，人的潜能可以自我实现，人的潜力就像是一颗种子，可以绽放出自我实现的花朵，教育、环境和文化等因素就像是阳光、水分和土壤，为种子的生长提供适宜环境，因此，教育的任务就是挖掘学习者的潜在能力。这就要求在

---

① 张晓青. 唤醒教育 [M]. 北京：中国商务出版社，2020：125-128.

教学实践中,教师要充分了解学习者的能力水平、智力结构、学习特点、个性差异等。根据学习者的特点有针对性地选择教学方式、创设教学情境,教学方法既要在整体上统筹兼顾,又要兼顾个体,帮助每个学习者实现自我发展。

(4)促进学习者的全面发展。人本主义学习理论认为,教育的理想目标是帮助学习者成为全面发展的人。人本主义学习理论不仅重视学习者知识的掌握与自我学习能力的发展,还重视人的自我修养的形成,通过丰富多彩、形式多样的课堂教学设计,为学习者营造一个平等、自由、和谐、民主的学习氛围,帮助其更好地融入集体当中,通过与其他学习者之间的良性互动,实现集体的共同进步。学习者在学习过程中既需要探索和掌握具体的知识、培养和提升自主学习能力,同时还需要做到适应社会环境变化,在变化中谋发展的个人品质。

二、"以人为本"教育思想的内容与应用

"以人为本"是当代重要的教育理念,是新时代重视学生自身发展的体现。在高中英语教学中,"以人为本"教育思想的内容主要包括以下几点,如图4-1所示。

图4-1 "以人为本"教育思想的内容

（一）重视学生的主体地位

"以人为本"是建立在人类社会历史实践经验基础上的重要理论，其对于人类实践具有重要的指导作用，英语教学作为当今社会重要的教育实践活动之一，同样需要坚持以人为本的教育理念。

在高中英语教学中，坚持"以人为本"的原则首先要认识到每个学生都是独立的个体，他们拥有自己的思维方式、学习习惯和兴趣特点。教师应该改变传统的"填鸭式"教育模式，转变角色，从传统的"教"转向"引导"。这样，学生不再是被动的接受者，而是教学活动中的主动参与者。教师应鼓励学生提问、发表观点、敢于质疑，从而培养他们的批判性思维和解决问题的能力。

为了真正实现学生主体地位的转变，在高中英语教学中，教师需要创设更加开放、互动的教学环境，鼓励学生进行小组讨论、案例分析、角色扮演等多种学习方式。这些方法不仅可以提高学生的学习兴趣，还可以培养他们的协作学习能力、沟通交流技巧以及跨文化交往能力。在这样的教学环境中，学生不再是孤立的学习者，他们懂得了与他人合作，学会从不同的角度看问题，从而更加全面地理解英语和相关文化。

（二）重视学生的个性化发展

当今世界的教育实践重视学生整体素质的提升，无论是知识与技能结构的完善还是思维水平的提升，都离不开学生的个性化发展。高中英语教学在完善学生英语知识与技能的同时，应该重视学生的个性化发展，不能抑制学生个性的发挥，在实践过程中，鼓励学生在掌握基础知识的基础上充分发挥主观能动性。

高中英语教学处于学生语言能力形成和完善的关键时期，既是知识的积累阶段，也是学生个性形成的敏感期。在这一阶段，仅仅注重对学生进行机械式、固定式的教学是远远不够的，更关键的是要培养学生的独立思考能力、解决问题的能力以及跨文化交际的能力。如何在教学中引导学生走出自己独特的学习路径，如何鼓励他们在英语学习中找到自己的兴趣点和优势，并根据自己的情况制定学习策略，是每位英语教师都应关注的问题。在这一过程中，教师不仅是知识的传授者，还是学生的引导者和伙伴。他们要学会倾听学生的声音，关注学生的需求，为学生提供不同的学习资源和方法，从而让学生在学习过程中感受到自己的价值。

与此同时，现代教育更重视培养学生的创新能力和批判性思维。在英语教学中，这需要教师为学生提供更加开放、多元的学习环境，鼓励他们跳出课本，与真实的外部世界进行交流和互动。无论是通过网络平台与外国学生进行交流、参加国际英语竞赛，还是开展社区实践活动、参与社团组织，都可以让学生更加直观地感受到英语的魅力，从而激发他们的学习热情。在这种环境下，学生不仅可以锻炼自己的语言表达能力和交际能力，还可以培养自己的全球视野和文化素养，成为具有国际竞争力的未来之星。这种以学生为中心、注重个性化发展的教学模式，无疑将为学生的未来发展打下坚实的基础。

（三）根据学生的特点因材施教

因材施教是指教师在教学过程中根据学生不同的认知水平、学习能力、性格特点以及生活环境，有针对性地选择适合不同学生的教学方法进行教学。具体到高中英语教学中，教师应根据学生的个性特点制定不同的教育方案，尊重学生个体的差异性，并且可以根据学生的不同特点选择合适的教育方法，充分挖掘学生的潜能，帮助其在学习与生活中既能获得知识，又不丧失个性。

高中阶段，尤其是英语学科，学生的语言技能、词汇量、文化了解及应用的能力上都存在明显差异。这种多样性既是教学的挑战，也是教学的机遇。教学活动应具备灵活性与创新性，以适应每个学生的学习特点，并最大化挖掘其学习潜力。例如，对于那些英语基础薄弱的学生，教师可以使用直观和生动的教学材料，如视频、歌曲和故事，帮助他们在生活化的环境中更好地理解和记忆；而对于英语基础扎实的学生，教师则可以提供更具挑战性的任务和项目，如辩论、模拟联合国会议或研究性学习，以培养他们的批判性思维能力和创新能力。

教育技术的飞速发展则为高中英语教育提供了更多的个性化教学工具和资源。教师可以利用智能学习平台、学习管理系统和在线资源库，为学生提供个性化的学习内容。比如，通过数据分析，教师可以及时发现学生在英语学习过程中的薄弱环节并提供相应的补充材料和练习；而通过在线测试和作业系统，教师可以更精确地评估学生的学习进度和效果，有针对性地为其提供指导和建议。这种因材施教的教学方式不仅可以激发学生的学习兴趣和动机，还可以提高他们的学习效率和质量，助其成为既掌握英语知识技能，又具备较高综合素质的新时代优秀人才。

（四）重视学生综合素质的提升

重视学生综合素质的提升既是时代的要求，也是"以人为本"教育理念贯彻于英语教学的体现。对于学生来说，自我发展与个人价值的实现是其接受教育的重要目的，而教育改革与全面发展理论也均强调学生综合素质的提升。

高中阶段正是学生形成独立人格、塑造正确价值观的关键时期。英语作为一门与跨文化交流紧密相关的科目，随着全球化进程的不断推进以及我国和世界交流的日益密切，逐渐成为学生综合素质提升的重要内容之一。首先，学生通过英语学习不仅能够掌握语言本身，还能够了解和理解英语文化背后的思想与价值观，培养全球化视野和跨文化交流的能力。其次，英语教学中的各种互动与合作活动，如小组讨论、角色扮演、项目研究等，可以帮助学生培养团队合作能力、创新思维、沟通交流能力等。

为了更好地提升学生的综合素质，英语教学应超越传统的知识传授模式，转向更具开放性、实践性和创新性的教学模式。例如，通过开设英语戏剧、英语辩论、英语写作等选修课程，使学生在实际操作中提高英语应用能力；通过组织海外交流和实习项目，使学生在真实的语境中得到锻炼和提高；通过开展社会实践和公益活动，推进课程思政的建设，将技能培养、知识传授与道德教育有机结合在一起，在教授学生英语知识的同时，培养学生的社会责任感和公民意识。这种教学模式不仅有助于提高学生的英语水平，还能促进其综合素质的全面提升，为学生未来的学习和职业生涯的发展奠定基础。

第二节 认知主义理论

一、认知主义理论概述

（一）认知主义理论的内涵

认知主义理论关于"学习"的观点是：关于学习的心理现象，否定刺激与反应的联系是直接的、机械的。认知主义教学理论的研究重点是知识的实质、知识的获取以及知识的创造性应用等，与行为主义教学理论强调外部环境和知识输入的作用不同，认知主义教学理论强调学习过程、直觉思维、内在动机和思维提取。认知主义认为，学习是学习者对于接收信息自主加工的过程，学习者自身已经掌握的知识和经验对于新知识的接收与理解具有重要影响，教学的过程不是教师向学生单向灌输知识的过程，而是学生在教师的帮助下主动参与到学习活动中，主动探索和理解知识的过程。

（二）认知主义的理论流派

认知主义主要包括以下理论流派。

1. 格式塔学习理论

格式塔学习理论创立于 20 世纪初，是从心理学发展而来的，其强调经验和行为的整体性。格式塔学习理论认为人的行为、思维是一个有机整体，具有自身的意义，不能简单地等同于部分之和。格式塔学习理论主要包括顿悟说与完形说。

顿悟说对应的是行为主义理论中的试误说，认为学习行为不是一次次的试误过程，而是学习者通过自身对知识的理解实现顿悟的过程。虽然在学习过程中错误在所难免，但这种错误不同于行为主义理论中的试误，而是由于学习者在尝试之前对于知识的理解不到位产生的，并不是盲目地进行尝试导致错误。

格式塔是德语"完形"（Gestalt）的音译，完形说认为人的心理活动本身是一个完整的过程，是先于认知而存在的，具有其自身内在的规律性，思维就是改变一个完形至另一个完形，学习的过程就是构建完形的过程。完形说认为，人类的思维总会按照一定规律将经验材料拼接为一个有意义的整体，人类对于客观世界有一个整体的认识，但当客观世界发生变化时，我们的思维对于整体世界的认识就变得不再完整，对于重塑我们完整的认识结构，就需要进行学习活动。

综上所述，格式塔学习理论强调从整体出发认识学习的过程，用整体的眼光看问题，科学分析学习过程中各组成要素之间的关系，强调学习者在教学中的主体地位及其主观能动性的发挥。

2. 认知—目的说

认知—目的说由美国心理学家托尔曼提出，他在位置学习实验和奖励预期实验的基础上，得出了结论：学习是有目的性的活动，是期待的获得，是在学习目标引导下的认知过程。托尔曼认为，个体在达到目的的行为过程中，会遇到各种不同的环境条件，只有对这些环境条件有了充分的认识，才能妥善应对，最终达成目的，而对环境条件的认知过程是为达到目的而采取的手段。

托尔曼还提出了认知地图的概念，认知地图即现代认知心理学所说的认知结构，学生形成良好的认知结构是教育的关键和核心。我国心理学家通过比较手表行业的高级技师和一般机床操作工的认知地图发现，高级技师在诊断人机系统生产活动时，有着特定的认知地图。在这种心理结构中，有关生产活动的概念、规则是按特定方式有机组织到一起的，而一般操作工的认知地图是凌乱的、无规律的。因此，在实际的教育过程中，我们应注意加强对学生良好认知地图的构建。

3. 认知发现说

认知发现说是由美国心理学家布鲁纳提出的学习理论，他将人类学习研究的重点放在了研究学习的内部认知过程上。认知发现说主要有三个方面的内容。

首先，认知发现说认为，学习是人类主动形成和完善认知结构的过程，学习者通过学习将新的知识融入本身的认知结构，从而不断形成新的认知结构，进而促进个体的发展。

其次，认知发现说还强调对于各门学科基本知识结构的学习和掌握。在教学过程中，教育者应帮助学习者理解和掌握基本的学科结构与知识体系，有助于加深学习者对知识的理解。

最后，认知发现说倡导发现学习，即在教学过程中，鼓励学习者通过自己的独立思考去发现自己未曾认识的知识点以及不同知识点之间的联系，还包括其他通过自身思考获得知识的形式。

认知发现说强调学习者应通过自身的思考与领悟获取知识，认为学习的过程就是学习者对已有的知识结构进行扩容和重构的过程，不仅仅是新知识的习得，更重要的是认知能力的培养与提升。具体到高中英语教学中，教师应该鼓励学生主动参与到英语的学习活动中来，培养学生的自主学习能力，帮助学生提升对于知识点的观察、分析和归纳能力，不仅要让学生学会知识，还要让学生学会学习。

二、认知主义在高中英语教学中的应用

认知主义在高中英语教学中的应用主要体现在认知法的应用上。人们学习语言不是为了对语言知识进行单纯的模仿与记忆，而是为了充分理解语言的内在逻辑结构与文化背景，进而创造性地运用语言进行实际交流与自由表达，这就是认知法提倡的英语教学目标。

认知法要求教育者在外语教学中要充分发挥学习者的主观能动性与潜在学习能力，强调以句式结构讲解为重点的语言知识教学，重视语法的认知作用，主张对学习者外语能力的全面培养，认知法主要有以下几个观点。

第一，外语教学的目的指向是提升学习者的语言运用能力，因此应让学习者牢固掌握语法知识，并以此为基础创造性地运用语法知识组成新的句型，反对机械式背诵，重视对学习者听、说、读、写、译等英语能力的综合培养。

第二，认知法强调学习者的主观因素对于外语教学活动的决定性作用。在外语教学中，应该明确学习者的主体地位，外语教学活动应该以学习者为中心展开。在英语教学实践中，教师应充分了解学生的心理认知情况，对于学生的特点与状态有清晰的认识，以实践为依据调整教学方法，因人而异进行教学设计，帮助学生摆正学习态度，树立正确的学习观念，充分调动学生学习的积极性，培养学生的自主学习能力。

第三，不同语言之间在结构、表达方式以及使用习惯上都有一定的相似性。在英语教学实践中，教师可以充分利用这些相似性，将母语作为英语教学的中介，帮助学生将母语中的部分知识、概念、规则迁移到英语中去，从而使学生更容易理解英语语言知识。与此同时，教师也应注意在教学过程中对两种语言的比较分析，防止语言学习者思维出现混乱。

第四，相较于教学的结果，认知法更重视教学的过程，在英语教学实践中，学生经常在语言表达上出现错误，这对于语言学习者来说是难

以避免的，教师应针对学生的错误，认真分析其出现的原因，并帮助学生巩固和理解相关知识。

认知主义强调认识和理解语言文化的特性以及英语教学提升学生英语运用能力的宗旨，促使认知主义成为英语教学模式的重要理论基础，并通过教师的灵活运用进一步形成诸多具体的教学方法。在英语实践教学中，教师应该充分认识到认知的作用，在教授具体知识点的同时注重理解与运用，促进学生的全面发展。

第三节 建构主义理论

一、建构主义理论概述

（一）建构主义理论的内涵

在英语教学模式的相关理论中，建构主义与认知主义有较多相似的地方，都强调学生在教学活动中的主体地位，但建构主义更强调学生对于知识的主观建构过程。

建构主义理论认为，教学的过程既不是教师将知识简单传递给学生的过程，也不是学生简单地进行知识积累的过程，而是在教师的引导和帮助下，学生自主构建知识体系的过程。在这个过程中，教师更多的是扮演引导者和促进者的角色，而学生才是真正教学活动的主体，是主动参与者而不是被动接受者。建构主义理论还强调情境对于知识构建的重要作用，在一定的情境下，学生可以在合作与互动的过程中接受知识、理解知识以及梳理知识结构。在语言教学的过程中，教师也可以根据教学的实际情况设计有利于学生知识获取的教学情境，帮助学生构建新的知识体系。[1]

---

[1] 张晓青. 唤醒教育[M]. 北京：中国商务出版社，2020：119-120.

（二）建构主义的理论依据

1. 认知发展理论

认知发展理论由瑞士心理学家让·皮亚杰（Jean Piaget）提出。所谓认知发展，是指个体自出生后在适应环境的活动中，对事物的认知及面对问题情境时的思维方式与能力表现，随年龄增长而改变的历程。皮亚杰对认知发展研究的特殊兴趣是出于将儿童的认知发展看作沟通生物学与认识论的桥梁，他认为通过对儿童个体认知发展的了解，可以揭示整个人类认知发生的规律，从而建构起他的整个学说——"发生认知论"。

皮亚杰认为，学习者的认知既不是源于主体，也不是源于客体，而是在主、客体之间的相互影响、相互作用的过程中由学习者主动建构形成的。也可以理解为，认知就是在学习者自我意识的控制下自觉运用已有的认知结构和思维对来自客体的输入信息进行同化或者顺应，从而使主、客体处于动态的平衡状态，是一个双向的建构过程，所以学习任务的选择设计应切合学习者的认知水平。

学习者的认知既不是来自学习者先天的遗传，也不是来自对客体的经验知觉，强调学习者的主观能动性在认知过程中起到的积极作用，认为学习者只有在主动思考时才能获得有意义的建构。对于外部语言输入的刺激，学习者应报以开放、积极的态度，主动在已有认知结构中寻找恰当的同化或者顺应方式，而作为教师，则要积极创造条件帮助学生建构学习过程。

认知发展可以理解为，在学习者的自我调节和主动建构的过程中，认知结构从原有的平衡状态向更高级的平衡状态进行过渡和转化的过程，当发生新的刺激时就产生了不平衡，通过主体和客体的相互作用产生同化或顺应的过程，使认知达到一个新的水平，恢复平衡状态。认知发展就是这样一个循环往复提高的过程。

在英语教学过程中，教师应帮助学生及时查找、分析学习过程中产生语言错误的深层次原因，学生改正错误的过程就是自我调节、自我平衡的过程，教师要促进学生及时修正已有的认知结构，不断达到新的自我平衡，不断提高自己的学习能力。

2. 社会文化理论

社会文化理论是由苏联心理学家维果茨基提出来的，该理论强调的是语言的社会文化属性，重点研究社会文化因素对于语言学习的影响。该理论认为，个体的学习活动是无法脱离社会环境因素而独立存在的，社会文化因素对于个体的学习过程具有十分重要的影响。社会文化理论不仅推动了建构主义理论的形成和发展，还帮助我们从一个新的角度去观察英语教学中的社会环境因素。

社会文化理论主要由五部分组成，分别是中介、内化、最近发展区、搭手架与活动理论。

中介这一概念是社会文化理论的核心组成部分，这一概念将语言作为心理活动调节的中介，语言是人类社会文化交流的沟通媒介，同时影响着人类的思维活动。维果茨基将中介相关理论运用到教学中，认为在知识教学中存在两个不同的概念，即日常概念与科学概念。日常概念是指人们在实际生产生活中通过日积月累形成的生活经验与知识，科学概念则是指人们通过接受正规教育掌握的科学知识。而教学的作用正是在日常概念与科学概念之间搭建起沟通的桥梁，将在学校学到的学科专业知识与自身具备的生活经验相结合，从而实现专业知识的内化。

内化是指将自己接收到的新思想、新理念、新知识与自身原有的认知体系相结合，共同构成一个新的认知体系，它是在人与社会环境之间的交流互动过程中产生的。英语教学就是帮助学生英语知识内化的过程，在这个内化的过程中，离不开教师、学生、学校等因素之间的相互配合，而不同类型的社会文化因素在这个过程中也起着非常重要的作用。在英语教学中，教师要注重良好学习环境的创设，根据具体的教学实际组织相应的教学活动，选取合适的教学方法，运用适当的教学策略，提升学生学习的主动性，帮助学生更好地进行知识的内化。

最近发展区的概念是维果茨基在《在社会中的心智：高层次心理过程的发展》一书中提出的。该理念认为，学习者在学习过程中有两种能力的体现。其一，学习者自身具有的实际学习能力，学习者可以通过自主学习获得这种能力。其二，学习者在教师或者其他学习者的帮助下，通过自身努力达到的新的学习高度或者潜在的能力水平。这两种能力水平之间的差距就是最近发展区。最近发展区并不是一成不变的，学习者通过教师和其他学习者的帮助，加之学习者自身的努力，可以使潜在的能力水平逐渐转化为新的现实能力水平，此时，就在新的能力基础上开启了一个新的发展区，这个过程就是学习者自身能力逐渐提升的过程。

搭手架理论与最近发展区理论较为接近，指的是在学习过程中，教师或者其他指导者为学习者提供帮助的行为。学习者受制于自身的实际学习能力，需要在他人的帮助下才能掌握并运用知识实现目标。对于英语教学来说，教育者和同学就相当于搭手架，学习者在他们的帮助下可以借助不同搭建类型实现最近发展区的提升。

活动理论认为，只有在行为层面才能对意识进行观察和研究。人类在不同的动机、目标和条件下进行行为活动，活动者行为的发生离不开动机，活动者的行动都是有目标指向的，活动者行为的实施也是受具体的环境条件影响的。

二、建构主义在高中英语教学中的应用

（一）支架式教学

1. 支架的内涵与支架式教学

支架式教学指的是在教学实践中，教师帮助学生搭建获取知识的框架，探寻高效学习方法，逐渐提升学生自主学习能力的教学方法。支架式教学是建构主义理论下发展最成熟、应用最普遍的教学方法之一。

支架式教学是最近发展区理论与搭手架理论在实践教学中的具体应用，支架式教学不仅关注知识本身的传递，还强调如何引导学生进行深度思考，发掘其潜在的学习潜力。这里的"支架"不是物质上的实体，而是一系列有针对性的教学策略和方法，如提问、提示、模仿、示范等，帮助学生逐步建构和完善知识体系。教师在教学过程中，根据学生的学习进度和需求，适时地提供或撤去支架，确保学生在适度挑战中实现最佳的学习效果。这样一来，学生在教师的指导和帮助下，能够更加主动、深入地进行学习，不仅积累了很多知识，还培养了解决问题、批判性思考和自主学习的能力。这种教学方法充分体现了教育的人性化和以学生为中心的原则，有助于培养学生的综合素质和能力。

支架式教学就像是将建筑技巧巧妙运用于教育过程中，其精髓在于为学生提供一个渐进、系统的学习环境，与其说是教师"教"的过程，不如说是学生"学"的旅程。在这个过程中，学生像是熟练的建筑工人，每一层新知都是他们新建的房屋，而支架，就是教师为他们提供的学习工具和方法。这些学习工具和方法不仅简化了知识的传递过程，还为学生打造了一个鼓励他们探索和实践的学习环境。每当学生遇到知识上的困难或障碍时，教师就像是经验丰富的建筑师，及时地为他们搭建支架，帮助他们克服困境，进而掌握核心概念和技能。在这个过程中，教师的角色并不是传统意义上的"知识传递者"，而是一个"导师"或"引路人"。他们用引导、鼓励、提问和反馈等方式帮助学生在不断地尝试、失败、思考与再尝试中形成稳固的知识体系。

随着时间的推进，当学生已经掌握了一定的知识和技能，也就是完成了一层楼的建设时，教师便可以撤去这一层的支架，让学生独立面对下一层的挑战。这种循环往复的教学过程，确保了学生在完成每个学习任务的同时，也在不断地提高自己的学习能力和方法。这样的教学方式，不仅培养了学生的知识，它还培养了学生的自主学习能力、批判性思维和解决问题的能力，为他们未来的学习和生活打下了坚实的基础。

2. 支架的设置

将支架式教学运用到高中英语教学中，教师是引导者，学生是知识的建构者，支架则是关键的学习工具，支架设置的合理与否直接关系到教学能否顺利开展，下面是支架设置的几个关键点，应该受到教师的重视。

（1）支架的设置应该因人而异。在高中英语教学中，每个学生都是独特的个体，在语言天赋、学习能力、语言认知、生活环境、性格特征等方面各不相同，就像在大自然中，每一片叶子、每一朵花的形态都是独特的，我们不能期望所有学生在相同的环境、相同的教学方法下都能取得相同的进步。这就是为什么支架式教学中强调"支架的设置应该因人而异"的重要性。在支架式教学中，学生位于绝对的主体地位，每个学生都被视为中心，他们的需求、能力和特质都是教学过程中的核心因素。为了真正做到因材施教，教师必须真正了解每个学生，深入挖掘他们的潜能，找出他们的长处和短处，然后根据这些信息为他们量身定做最适合的支架。

支架的本质不仅仅是一个固定的框架或结构，它更像是一个动态的、能够随着学生的进步和需求进行调整的工具。对于一些英语基础扎实、学习能力强的学生来说，他们需要的支架可能更多的是指导他们如何更深入地探索知识、如何扩展自己的视野和如何独立思考。这些学生的支架更像是一个推动器，帮助他们不断挑战自己，突破自己的限制。而对于那些基础薄弱、需要更多指导和帮助的学生来说，他们需要的支架可能是具体的学习步骤、详细的解释和更多的实践机会。这些支架的作用是为学生提供一个稳定的学习环境，帮助他们逐步建立自信和掌握知识。这种针对性的支架教学方法有助于每个学生都能在自己的节奏和速度下，最大限度地发挥自己的潜能，真正做到因材施教，让每个学生都能在学习的过程中获得成就感和满足感。

（2）支架的设置应该因时而异。随着教育活动的不断推进，学生不仅在知识和能力上有所增长，在兴趣、动机、情感状态和认知方式上也在不断变化。这种动态的变化不仅发生在学生的个体层面，还表现在整个教育生态环境中。因此，将支架式教学应用到高中英语教学中时，支架的设置不仅要因人而异，还要因时而异，以适应不断变化的教育环境和学生的需求。

随着学习的深入，学生的学习需求、学习风格、知识背景和能力水平都会发生显著变化。例如，在初学阶段，学生可能需要明确的、结构化的学习方法和指导；而当他们的英语能力达到一定水平时，则需要教师提供开放性、探索性的学习环境，以鼓励他们进行批判性思考、创新和自主学习。此外，教学内容本身也有其特点和规律。在词汇和语法教学中，学生可能需要更多的知识点解释、实例演示和模仿练习；而在听力和口语教学中，他们则更加需要在实际的交流场景中反复进行模拟练习。因此，教师在支架式教学中，应当灵活调整教学策略和方法，以达到最佳的教学效果。只有这样，教育才能真正做到因时制宜，价值和潜能也能最大化地发挥出来。

（3）支架的设置应循序渐进。在高中英语教学中，支架的设置需要循序渐进，随着教学进程的不断推进，支架的设置应该是从易到难、由简入繁的，学生只有在较低难度支架的协助下完成新学习任务，才能使用结构更加复杂、内容更加丰富的高难度支架。循序渐进的支架设置可以帮助学生按部就班地建构知识内容，且更加顺利地到达最近发展区。

在支架式教学中，除了支架的设置应该循序渐进外，支架的撤出同样也应该循序渐进。支架具有时效性，即便其内容和形式可以根据教学进度与学生的知识掌握情况进行动态调整，但其整体框架难以跨越多个发展区发挥效用，因此，支架也是需要不断进行新旧更替的。为了避免支架撤出给学生学习造成不利影响，就需要教师充分了解学生的知识掌握情况，采用循序渐进的方式，逐渐减少支架的数量与复杂程度，给予学生更多的自主学习空间。只有当学生可以独立完成任务，并展现出对知识的深入理解，甚至能够应用知识解决实际问题时，撤架的时机才真正到来。同时，教师也需要让学生明白，支架仅仅是一种过渡工具，真正的学习需要依赖他们自己的努力。这种逐渐剥离外部辅助、强调内部驱动的过程，不仅可以提高学生的学习效果，还可以培养他们的自主学习习惯和能力。

3. 教学的组织与实施

（1）支架的设定与构建。首先，教师应该明确当前教学阶段中学生的最近发展区，以保证支架设定的科学性和合理性。其次，教师可以在课程开始前设计一些与教学内容相关的问题、任务、拓展材料等，促使学生更加主动地进行学习，更加准确、全面地把握教师传授的知识。

在教学前期，教师提前设计的问题可以激发学生的学习兴趣，同时为他们提供一个关于知识的预期框架。这个预期框架有助于学生在接下来的学习中更加有目的性、有方向性地进行探索。此外，拓展材料可以为学生提供更多的应用场景，帮助他们看到学习内容在现实中的应用价值，从而增强他们的学习动机。在教学过程中，对于一些关键的知识点，如重要的词汇或核心的语法结构，教师需要采取更深入的教学策略。通过重点讲解，教师可以为学生提供一个清晰、系统的知识框架；通过举例拓展，帮助学生看到这些知识点在不同语境中的使用，以加深他们对知识点的认识；通过互动练习，学生不仅可以检验自己的学习效果，还可以在与同伴的交流中发现自己的不足，从而及时进行调整。总之，通过支架的设定与构建，教师可以为学生提供一个结构化、互动化的学习环境，使他们能够在这个环境中逐步建构和深化自己的知识与技能。

（2）情境的设定与引入。情境的设定与引入对于英语教学来说非常有效，其本身也是支架式教学的良好辅助工具。首先，教师应该根据具体的教学内容设定相关教学情境；其次，采取灵活的方式将学生引入情境，鼓励学生在具体情境中进行知识的探索。例如，在教授餐厅点餐的英语知识时，设定一个模拟餐厅的情境可以使学生产生身临其境的感觉，从而使学习效果得到增强。此外，为了更深入地探讨，教师可以使用视频、图片等多媒体工具构建丰富的教学情境。然而，仅仅设定情境并不够，教师还需要运用策略如问题提问、小组讨论等将学生引入情境，同时根据学生的反馈调整教学策略。这样的教学方法不仅使内容更接近学生的实际生活，还鼓励他们的主动参与，从而进一步提高学习效果。

（3）独立探索与自主学习。独立探索与自主学习着重强调学生自主思考能力的培养和提升，学生围绕教学内容进行相关知识的搜集、整理、学习与内化。独立探索与自主学习的教学方法能够为学生提供一个充分发挥其潜力和创造力的机会。这种教学方法鼓励学生围绕特定的教学内容进行自主学习与研究，帮助他们从多个角度分析问题，并从中提取有价值的信息。此外，这种方法也促进了学生的思考和判断能力的提升，使他们在面对英语实际应用场景时更有信心。在此过程中，教师的角色逐渐从主导者转变为指导者和协助者，教师根据教学大纲与教育改革的要求为学生提供必要的学习工具和资源，然后鼓励学生根据自己的节奏和方法进行学习。这种教学方法不仅使学生对学习内容有更深入的理解，还有助于培养他们的批判性思维、解决问题的能力以及生活中的自主性，这是对传统应试教育的有效补充，旨在为学生的未来生活和职业发展奠定基础。

（4）合作交流与协作学习。在该教学环节中，教师可以将学生分为若干学习小组，学生通过组内的合作与交流进行知识的学习。协作学习的优点是可以利用不同学生个体对于知识的不同理解，让学生对于所学知识有一个相对全面的认识。具体到高中英语教学中，通过小组活动，学生可以实际操作语言，如模拟对话、角色扮演或小组讨论，从而有效提高口语能力。此外，协作学习还鼓励学生进行知识拓展，通过集体翻译、写作或项目研究，培养他们的团队合作和实践应用能力。组员的不同视角和思考方式得到融合，使得学生能够深入、广泛地理解和应用知识。与此同时，教师的角色逐渐转变为一个组织者和协调者，从而使每个学生在团队中都能充分参与其中并得到发展。这样的教学策略，无疑使英语学习更加生动、有效和有趣。在调动学生学习积极性的同时，提升教学的效率。

（5）教学效果的评价。在支架式教学中，对于教学效果的评价主要通过三种方式，即学生自评、学生互评与小组互评。教学效果的评价内容主要包括具体知识的掌握情况、学习能力的提升情况以及知识体系的建构情况。教学效果的评价是支架式教学中非常重要的环节，一方面，它可以使教师及时发现并帮助学生解决教学过程中存在的问题，更好地发挥引导作用；另一方面，通过教学效果的评价，教师可以及时向学生做出反馈，以提升学生学习的积极性。

（二）抛锚式教学

抛锚式教学，又被称为"实例式教学"或"基于问题的教学"，是一种以问题为核心的教学方法，其目的是让学生在真实或模拟的实践情境中主动探索、感受和解决问题。这种教学方法不同于传统的听说模式，其强调学生主动参与、感知和反思。问题的产生，犹如船锚被投入水中，将学生的注意力牢牢锚定在实际情境的问题上。一旦学生在实践中遇到或发现了这样的"锚"，教学的方向和进程也就被锚定了，所有的学习活动都将围绕这个中心问题展开。

抛锚式教学鼓励学生跳出课本，深入实际场景去探索、思考和应用知识。这种教学方法往往与情境学习、情境认知及认知弹性理论相辅相成，强调真实环境中的学习和知识应用。在技术教育中，尤其是在当前技术迅速发展的时代，抛锚式教学显得尤为关键，因为它不仅鼓励学生学习技术，还强调学生如何在实际情境中灵活运用技术来解决问题。此外，这种教学方法也能帮助学生培养批判性思维、团队合作和创新能力，从而更好地为未来的职业生涯做准备。

抛锚式教学注重学生在实际环境中的体验，教师在这个过程中扮演引导者的角色，而不是直接将知识内容传递给学生。学生之间需要通过交流与协作，积极探寻解决问题的不同路径。抛锚式教学可以提升学生的自主学习能力，使学生充分感受到从问题提出到问题解决的整个过程，在这个过程中，学生普遍具有充分的学习动机和较高的学习积极性，探寻与获取知识成为学生自发的行为，学生真正成了整个教学活动的主体。

抛锚式教学还可以加深学生对于知识的理解，它重塑了传统英语教学模式，让学生从被动的知识接受者转变为主动的知识探索者。传统英语教学过程多数时候是将学生置于一个相对被动的角色，这使得他们大多数情况下只是单纯地从各种知识传播渠道，如课堂、书籍、媒体等，获取那些已被整理好的抽象化知识，而这些知识往往是其他研究者的成果。与此相反，抛锚式教学让学生直接深入真实或模拟的学习情境中，鼓励他们积极地发现、分析和解决问题。这种从实际出发的学习方法，使得学生不仅能掌握具体的知识，还能沉浸于直观、真实的学习经验之中，使学生在实际情境中通过自己的实际行动和反思，加深对知识的理解，并学会如何去应用这些知识。

（三）随机进入教学

随机进入教学也叫随机通达教学，该教学方式将关注点聚焦在了知识的复杂性与多样性方面，知识的复杂性与多样性不仅体现在其包含的信息量上，还体现在我们从不同角度或在不同的环境中观察同一知识内容会产生不同的理解。知识的复杂性对于教学实践也提出了更高要求，在教学中，我们对于较为复杂的知识不能一带而过、盲人摸象，而是要针对其具体的内容，分阶段逐步进行讲解，帮助学生建构起对知识较为全面的认识。

随机进入教学主张针对同一知识内容，从不同的侧面、不同的情境、不同的观察角度出发，进行反复学习与多角度分析，将抽象的知识内容与具体的实践情境对应起来，帮助学生拓展思维，从多角度理解知识。

随机进入教学强调对于知识的理解与解读，因此，在较高的学习阶段，非常适合采用随机进入教学的教学方法。

随机进入教学的教学方法鼓励学生自主搭建知识结构框架、自主探寻问题解决方式、自主选择学习方法与学习策略，随机进入教学需要遵循以下原则。

第一，在教学过程中，对于知识的阐述方式应该多元化，避免学生形成固化思维。

第二，注重具体知识在不同情境下的不同表征，教学设计中将实践案例与具体知识相结合，从多个角度切入，对知识进行阐释。

第三，重视教学材料的选取，案例与教学材料不应太过简单化，要具有一定的复杂性，帮助学生深化对于知识的理解。同时，案例、材料应该与所学知识具有较高的契合度，不能脱离知识分析材料。

第四，教学设计应该强调学生的知识建构过程，而不是简单的知识传递过程。

传统英语教学方式强调具体知识的掌握与背诵，教师通过课文内容和习题讲解的方式传递知识，学生通过死记硬背的方式记忆知识，因此，学生即便掌握了词汇的拼写与句型的结构，也难以流畅地写出高质量的英语文章；即便熟悉了发音标准，也难以灵活地运用英语进行实际交流；即便经过反复训练取得了较好的听力成绩，也难以准确理解英文媒体的播报内容。

具体知识的掌握固然重要，但不是语言教学的全部，教师应该从语言教学的目标与性质出发进行教学设计，选择教学方法。语言教学最终的落脚点是语言的运用，况且语言知识本身就具有一定的复杂性，因此随机进入教学非常适合英语教学实践，通过不同的实践案例帮助学生多角度理解语言知识，了解具体知识在不同环境下的内涵以及表达方式，促使学生对于知识的理解更加深入、全面，对于知识的运用更加灵活、准确。

第四节 混合学习理论

一、混合学习理论的内涵

（一）混合学习理论的概念

混合学习理论诞生于 20 世纪末，是一种倡导将新型教学方式应用于课堂之中的教学理论。虽然国内外学者对于混合学习理论还没有给出一个统一的定义，但对于混合学习理论的基本内涵，学者之间的观点在总体上是一致的，具体来说，混合学习理论就是传统课堂学习与新媒体、信息技术、网络技术等现代技术之间的充分结合，是网络学习与传统课堂学习的相互结合和互补。

混合学习理论具有鲜明的时代性，是伴随着时代发展和一系列新教学技术的产生而诞生的教学理念，当今时代的混合教育理论，强调线上教学与线下教学相结合的教学模式。何克抗教授于 2003 年正式将混合学习的概念引入我国，他认为，混合学习就是把传统学习和 E-Learning 进行优势结合，既要充分体现学生主体的积极性、主动性与创造性，又要发挥教师在教学过程中的引导、启发、监督等作用。

混合学习理念作为一种教学理念，具有与时俱进的特点，伴随着技术的进步而不断丰富的，本质是在人才培养过程中重视各教学要素的融合。混合学习理论的侧重点在于教学方式的改革上，改善教学结构，创新教学方式，并以此为依据构建新型的课程体系，这是混合学习理论的主要任务。

新课改对于高中英语教学提出了一系列要求，这些新要求使得新时代的高中英语教学展现出一系列与传统英语教学不同的特征。混合学习理论以及混合式教学改革中多样化的教学与评价模式可以引导学生的多样化学习模式，学生可通过自主观看视频、阅读资料、小组讨论和成果汇报等形式进行多角度学习与思考。多样化的学习模式不仅可以锻炼学生多方面的能力，也符合英语新课改的价值追求。

（二）混合学习理论的内涵解读

1.灵活的学习方式

混合学习理论以其独特的教学模式，提供了一种融合线上和线下学习的方式，打破了传统教学在空间上和时间上的束缚，进一步丰富了学生的学习方式和学习体验。它将传统的面对面教学和网络教学有机结合起来，让学习变得更加灵活和多元。

在混合学习模式下，面对面教学是至关重要的部分，因为它提供了一种最直接的教与学的方式。在这样的环境下，教师和学生可以进行面对面的交流与互动，教师可以根据学生的反馈调整教学策略，而学生则可以直接向教师提问，以及时知晓答案。这种方式不仅有利于建立良好的师生关系，增强学生的学习动力，还有利于教师观察学生的学习情况，实时了解学生的学习进度。而网络教学则提供了一种非常灵活的学习方式。学生可以根据自己的时间和学习节奏安排学习时间，不受时空限制。同时，网络教学还可以提供丰富的学习资源，如视频教程、在线讨论、电子书籍等，为学生的自主学习提供了便利。此外，网络平台还可以利用数据分析工具进行学习跟踪，从而有针对性地指导学生学习。

混合学习理论将这两种方式巧妙结合，兼顾了面对面教学的及时性和互动性以及网络教学的灵活性和丰富性。混合学习理论鼓励学生在面对面教学中积极参与，以增强理解和记忆，同时又利用网络教学的优势为学生提供更多的学习资源和更灵活的学习方式，以满足学生个性化的学习需求。

2.个性化的学习路径

混合学习理论在注重灵活性和多样性的同时，还强调个性化的学习路径。它的出现无疑开启了教育的个性化新纪元，让每个学生都可以根据自己的兴趣、需求和实际情况，选择最适合自己的学习内容和方式。

混合学习理论承认每个人都是独特的个体，每个人的学习兴趣、学习方式和学习节奏都不尽相同。在传统的教育模式中，所有的学生往往需要在同一时间内完成同样的学习任务，而这种方式往往忽视了个体之间的差异。而混合学习模式则通过线上学习平台，为学生提供了更多的自主学习机会，学生可以根据自己的实际情况，自由选择学习内容和进度，从而大大提高了学习的灵活性和便利性。

混合学习理论也强调教育的目标个性化。由于每个学生的学习目标都不同，他们的学习热情和动力也有所不同。混合学习理论提倡的个性化学习路径，意味着学生可以根据自己的长期目标选择最适合自己的学习路线，而这无疑将激发学生的学习动力，提高学习效率。混合学习模式还能够借助先进的教学技术，通过数据分析，为个性化学习提供了科学的支持。通过对学生的学习数据进行分析，教师可以清晰地掌握学生的学习情况和进度，找出他们学习的短板和难点，再制定出最符合学生个性化需求的学习策略。

3. 以学生为中心的教学模式

混合学习理论强调以学生为中心的教学模式，让学生在教学过程中成为真正的主体，体现了对学生主动性和创新性的尊重与培养，这一模式的实施，也将教师的角色从传统的知识传授者转变为学生学习的引导者和协助者。

混合学习理论以学生为中心的教学模式意味着教育不再是单向的知识灌输，而是以学生的需求和兴趣为导向的互动过程。混合学习模式能够在很大程度上调动学生的主动性，使学生可以根据自己的兴趣选择学习的主体和内容，也可以根据自己的节奏控制学习进度。这种自主性不仅增强了学生的学习动力，也有利于培养他们的自我控制能力和独立思考能力。以学生为中心的教学模式还强调对学生创新能力的培养，这种模式鼓励学生主动寻找问题、解决问题，而不是仅仅接受教师给出的答案。他们被鼓励尝试不同的解决方案，不断实验和改进，以达到最佳效果。这种过程不仅能锻炼学生的创新能力，也能帮助他们形成积极的问题解决态度和持续学习的习惯。在混合学习理论中，教师以引导者和协助者的角色为学生提供学习资源，提出挑战问题，引导讨论，反馈评价，帮助学生构建自己的知识体系。这种角色的转变，不仅能更好地满足学生的个性化需求，也促使教师更积极地参与和影响学生的学习过程。

二、混合学习理论的应用

（一）明确混合学习的类型

混合学习理论的关注重点是具体教学过程，包括课程体系构建与教学方法的优化，若想将混合学习理论科学地运用于高中英语教学的实践之中，使之切实发挥应有的作用，首先就需要明确混合学习的类型，只有明确了其类型，才能根据不同的教学阶段与教学内容将混合学习理论更科学地灵活运用于实践教学之中，混合学习理论主要分为三种类型，分别是基本型混合、增强型混合以及转变型混合。

1. 基本型混合

基本型混合是指通过不同教学形式为学生的学习活动增加额外的灵活性，拓展学习的路径，为学生创造更多学习的机会，这种方式的特点是易于操作和实现。基本型混合强调教学形式的多样性，主张通过不同教学方法在课堂教学中的多样化应用扩展学生获取知识的渠道。在混合学习理论中，基本型混合是最基础也是应用最广泛的，其特点是能够为学生创造更多学习的机会，且易于操作和实现。

2. 增强型混合

增强型混合是指通过创新教学方法，改善教学活动。比如，将新的教学技术运用在传统英语课堂教学之中，通过网络的形式提供某些额外的资源和补充材料，为课堂教学提供良好的辅助。这种学习类型注重传统教学与网络教学的有机融合。新技术的运用是提升教学质量最直接的方法，在英语教学中，新技术的运用可以提高教学质量，激发学生兴趣，并且有助于培养学生的创新精神和批判性思维。

相比于基本型混合，增强型混合突出的特点是新技术的应用。增强型混合主张将新的教学技术运用于实践教学之中，优化教学方法，以技术促教学。当今时代，增强型混合在教学中的典型表现就是多媒体与网络的应用，教师通过网络提供额外的资源和补充材料，弥补教材内容的不足，丰富课堂教学内容，为课堂教学提供良好的辅助。需要强调的是，增强型混合并不是抛弃传统的教学方式，而是注重传统教学与网络教学的有机融合，是将传统教学赋予时代特色的过程，是对传统教学模式的一种优化。比如，在高中英语教学中，利用互联网和移动设备进行在线教学，可以实现教学资源的共享，方便学生随时随地进行学习。同时，教师可以利用社交媒体、在线讨论等方式激发学生参与课程讨论，增加互动性。有条件的学校还可以将人工智能引入教学实践中来，人工智能技术可以用于个性化教学，分析学生的学习需求和兴趣，为每个学生提供定制化的学习资源。此外，人工智能辅助教学工具还可以帮助教师进行学生评估、作业批改等工作，提高教学效率。大数据技术对于英语教学同样具有重要的推动作用，通过收集和分析学生的学习行为数据，教师可以更好地了解学生的学习需求、兴趣和困惑，从而优化教学策略，提高教学效果。

3. 转变型混合

转变型混合则会使教学法产生明显的转变，学生的学习方式也会发生明显变化。学生不再被动地接受知识，而是通过动态交互成为知识的建构者，转变型混合多表现为一种新教学理念的应用。教育理念伴随着时代的发展不断进步，当今时代，学生的教育主体地位得到普遍认同，越来越多的学校开始探索围绕学生构建新的教学模式，学生不再是知识的被动接受者，而是通过动态交互成为知识的建构者。然而，这种混合学习方式对于理念与技术的依赖较强，缺少科学教育理念与先进教学技术的支持，因此，就目前的实际情况来看，转变型混合教学将很难实现预期的人才培养目标。

（二）充分利用现代教学手段

随着时代的进步和科技的发展，教育的模式与方法也在不断丰富，其中最显著的就是教学工具的更新，从原来的三尺讲台到如今的多媒体教室与融媒体教学，教育手段始终处于不断更新之中。

现代教育技术最显著的特点是将信息技术与课程教学有机结合，充分利用信息技术的优势构建出理想的教学环境，不断丰富交互模式和教学方式，使得教学活动更加生动、形象，从而更好地实现教学目标。现代教学手段还能在很大程度上拓展教学资源的获取路径，辅助情境教学、互动教学、案例教学的更好展开，有效提升教学效率。因此，在基于新课改的高中英语教学中，应该重视现代教学手段的灵活运用。

（三）发挥教师的引导和监督作用

教师是教学活动的主导者，无论是传统教学方式还是以网络教学为代表的新型教学方式，若想科学、有序地开展教学活动，实现人才培养的目标，那么就离不开教师的教学、引导与监控。特别是，对于混合学习理论来说，由于混合学习理论涉及教学理念与教学方法的转变、应用与创新，这些新的教学理念与教学方法的操作主体是教师，人才培养的效果在很大程度上取决于教师对于教学理念与教学方法的应用能力，特别是对于英语教学来说，诸如语法、句型等知识，学生是难以通过自主学习来深入理解的，因此，在混合学习理论的指导下，高中英语教学需要重视教师的作用。

在强调提升学生自主学习能力的今天，如何创新教学模式，从而使学生真正成为教学活动的主体是现代教育追求的目标。但是，明确学生在教学活动中的主体地位并不代表着忽视教师在教学过程中的主导作用，因为学生的学习能力和思维能力是处在不断地成长与提升过程中的，所以，在面对新的知识或疑难问题时，必须充分发挥教师"传道、授业、解惑"的作用，通过教师的引导和答疑解惑，帮助学生更好地学习和掌握新知识。

在新课改背景下的高中英语教学中，不仅知识与技能的传授离不开教师，学生的整个学习过程也离不开教师的引导与监控，教师需要及时发现学生在学习过程中存在的问题，比如，不良的学习习惯、学习心态的变化、情绪的变化以及对于不同知识学习能力的差异等，并及时予以纠正。

第五章 信息技术"赋能"高中英语教学模式和评价体系的创新

第一节 高中英语数字化教学资源的构建与应用

一、高中英语数字化教学资源的构建

高中英语数字化教学资源的构建路径如下。

(一)需求分析

由于需求分析为整个资源开发项目提供了明确的方向和目标,因此,它在构建高中英语数字化教学资源中起决定性作用。经了解发现,高中英语教学的实际需求包括资源类型、内容和难易度,这是确保教学资源贴合实际、具有实用价值的关键。不仅如此,一个全面的需求分析还要能够预见到未来教学实践的变化。具体来说,教育是一个持续进化的领域,新的教学理念、方法和技术不断涌现,因此,结合未来的教育发展趋势来预测和规划资源需求显得尤为重要。这样做,不仅可以确保资源的持久性和可持续性,而且可以帮助教育者更好地为未来的教育挑战做好准备。只有通过深入、细致的需求分析,才能为数字化教学资源的设计、开发和应用奠定坚实的基础,确保它们真正满足教育者和学习者的实际需要。

（二）内容策划

内容策划是高中英语数字化教学资源构建的核心环节，在明确教学需求的基础上，专业团队需要深入挖掘和组织教学内容，以确保其既能符合教学大纲，又能满足学生的实际学习需要。选择合适的教学内容不仅要注重知识的系统性和完整性，还要考虑到内容的趣味性和启发性，以激发学生的学习兴趣。同时，现代的学习者越来越依赖互动体验，因此，设计有吸引力的互动元素成为必不可少的一步，这既可以帮助学生更好地理解和掌握知识，也可以提高他们学习的积极性。除此以外，多媒体素材作为数字化教学资源的重要组成部分，其选择或制作也尤为重要。一般而言，高质量的图片、音频、视频等可以为学生提供丰富的感官体验，使知识更加直观和生动。基于上述内容，要求内容策划专业团队必须具有前瞻性、创新性和实践性的思维，只有这样，才能确保数字化教学资源能够真正为高中英语教学提供有力支持。

（三）技术选择与开发

技术选择与开发环节为高中英语数字化教学资源的构建提供了坚实支撑。通常来说，能够确保策划内容得到高效实现的关键就在于选用了合适的技术手段。编程是构建过程的基础，它能够将策划内容转化为实际可用的应用程序或工具。与此同时，平台开发为学生和教师提供了一个集中、互动、高效的学习与教学环境，能够极大地提高学生学习的主动性和效率。云服务的使用则保证了数据的安全存储、远程访问和多设备同步，使得学习不再受时间和地点的限制。在技术的日新月异下，学生使用的设备也日趋多样化，这就需要数字化教学资源的构建具有响应式设计和跨平台兼容性的特点，以确保在不同大小和类型的屏幕上都能获得一致的高质量用户体验。因此，技术的选取和开发不仅要确保资源的功能性与实用性，还要注重用户的实际使用体验，从而促使高中英语的数字化教学资源真正符合现代教育的需求。

（四）资源分类与标签化

由于资源分类与标签化是高中英语数字化教学资源有效性的核心所在，可以确保教学资源能够被用户快速而准确地获取和利用，采用合理的分类体系显得至关重要。基于学科知识点的分类，能够使教师在教授特定主题时，可以迅速找到对应的教学资料；而按照难易度分类，则有助于匹配不同水平学生的学习需求，从入门到高级逐步推进。另外，根据不同的教学方式，如讲解、实验、案例分析等，提供相应的教学资源可以使教学过程更丰富和多元。标签化则进一步提高了分类的精细度，允许教师和学生通过组合多个标签来进行混合式的资源搜索，从而更精确地满足他们的实际需求。通过这种细致入微的资源分类与标签化，数字化教学资源不仅能为用户提供内容丰富的教学材料，而且能确保这些资源在日常教学中能被最大限度地利用，从而实现教育教学的最佳效果。

（五）互动与自适应学习设计

英语信息化教学的显著特征就是互动性与自适应学习，因此，作为教学实践的支撑，高中英语数字化教学资源的互动与自适应学习设计非常重要，是数字化教学资源发展的新趋势，直接关系到学生的学习体验和成果。在高中英语教学资源构建中，通过在资源中加入互动元素，学生可以更加主动地参与学习活动，从而增强学习的吸引力和深度。例如，互动式视频或模拟实验可以让学生在虚拟环境中通过模拟实际操作，加深对知识和技能的理解。而自适应学习机制的引入则可以进一步确保每个学生都能获得最适合自己的学习体验。系统会根据学生的答题情况、学习速度和之前的学习记录，智能地调整教学内容的难易度和顺序。这种方法不仅有助于满足不同水平学生的需求，还能确保每个学生在较为舒适的环境中进行学习，从而提高学习的效果和满足度。总的来说，互动与自适应学习设计的引入，将数字化教学资源推向了新的高度，从某种程度上更加注重学生的个体差异，使学习变得更加智能化、个性化和高效。

（六）测试与反馈

测试与反馈是高中英语数字化教学资源完善过程中的关键环节。在资源投入使用之前，广泛的测试确保了技术的稳定性和用户的满意度。技术测试关注资源的性能、稳定性和安全性，保障其在各种场景和设备上都能流畅运行，减少在实际教学中出现技术问题。用户体验测试则更注重资源的实用性和易用性，它通过模拟实际教学场景，让真实的用户——教师和学生——能够体验并评价资源的功能和设计。这种真实的、直接的反馈为资源的后续优化提供了宝贵建议。根据反馈，开发者可以对资源进行调整，修复存在的问题，增加或改进某些功能，使其能够更贴近用户的需求。这样的过程不仅确保了资源的质量和可靠性，而且加深了用户对资源的信任和依赖。总之，只有经过严格的测试和不断的反馈，数字化教学资源才能真正满足现代教育的需求，为教与学双方带来最佳的体验。

（七）培训与推广

培训与推广对于高中英语数字化教学资源的普及和应用发挥着重要作用，教师作为教育的第一线工作者，他们对数字化教学资源的接受度和运用能力直接影响到资源的教学效果。因此，为教师提供系统的培训，让他们熟悉资源的各个方面、掌握高效使用方法，是确保资源得到最佳使用的前提。通过培训不仅能提高教师的信息技术能力，还能激发他们对新教学方式的兴趣和信心。在这一过程中，对学生和家长的推广也同样重要。学生是直接使用者，而家长作为学生的引导者和监护人，他们的理解和支持，对学生的学习态度和习惯有着深远的影响。通过各种方式，如研讨会、讲座、体验活动等，让他们了解数字化教学资源的优势和实际效果，可以促使他们更加愿意主动地接受和应用这些资源。综上所述，通过针对性的培训和推广活动，可以确保数字化教学资源真正发挥其潜在价值，为现代教育带来实质性的改变。

二、高中英语数字化教学资源的应用

（一）通过多媒体教学增强学生对于知识的理解

在高中英语教学中，多媒体资源已成为一种不可或缺的工具，传统的纸质教材和课堂讲解可能难以生动形象地传达英语的实际应用与文化背景，而数字资源，尤其是视频、音频和动画，则能够为学生提供一个沉浸式的学习环境。当学生观看来自英语国家的新闻片段时，他们不仅能够听到原汁原味的英语发音，还能够对比自己的发音，找到差异并进行调整。视频中的场景、人物行为和互动都反映了英语国家人们的日常生活习惯与文化传统，使学生能够更加深入地理解英语的语境和背景。除此之外，动画和音频也同样具有强大的教育价值，能够将抽象的概念和情境具体化，使之变得更生动、更有趣。举例来说，一个描述英国传统节日的动画可以帮助学生更直观地了解这一文化现象的起源和意义。总体而言，多媒体教学不仅丰富了教学方法和手段，还能为学生提供更加真实和多维度的学习体验，极大地增强了他们对英语的理解和兴趣。

（二）通过互动式学习提高学生的课堂参与度

互动式学习在高中英语课堂上的运用正日益受到重视。传统教学方式常常使学生成为被动的信息接收者，缺乏足够的机会与教材或教师进行互动。而数字化练习和模拟测试的引入，为课堂教学注入了新的活力。学生在面对一个英语问题或场景时，不再是单纯的回忆和应答，而是进入了一个能即时反馈的互动环境。每一个选择、每一个答案，都可能引导他们取得不同的学习结果。这种实时的反馈机制让学生能够即刻认识到自己的错误，并在下一次选择时进行修正。而对于那些表现出色的学生，系统还可以提供更高难度的问题，确保他们始终处于挑战与学习的状态。这种灵活调整的学习模式确保了每个学生都能在自己的节奏中进步。更重要的是，互动式学习鼓励学生主动参与，锻炼他们的思维和应变能力，而这种主动探索和实践的过程，则更有利于知识的深度吸收和应用。

（三）通过自适应学习路径实现个性化教学

每个学生都是独特的个体，拥有不同的学习节奏和偏好。传统的"一刀切"教学方法往往难以满足每个学生的个性化需求。而现代技术为我们提供了解决方案。通过数字资源，使教育变得更加智能化和灵活化，能够做到精准地识别学生的强项和弱点。比如，在学生进行数字化学习时，系统会持续收集和分析他们的学习数据。当发现某名学生在词汇部分表现不佳时，系统便会主动推送词汇练习，帮助其加强记忆和应用。而对于那些在听力方面表现出众的学生，系统则会为他们推送更具挑战性的听力材料，确保他们能在挑战中不断进步。这种智能化的学习路径设计，客观上确保了教学资源的最大化利用，使每名学生都能在适合自己的环境中进行学习，从而进一步提高学习效率。综上所述，不难发现，这种全新的教学方式不仅为学生带来了更加贴心和高效的学习体验，也释放了教师的时间和精力，使其能够更加专注于教学的创新和研究。

第二节 信息技术"赋能"高中英语教学模式的创新

一、翻转课堂教学模式

（一）翻转课堂教学模式的内涵

翻转课堂是指重新调整课堂内外的时间，将学习的决定权从教师转移给学生。翻转课堂教学模式是对传统教育观念进行的一种颠覆和创新，在这种教学模式下，课堂教学的定位已经发生了根本性变革。在传统的课堂教学中，教师是信息的传递者和主导者，而学生则是被动的接受者。

与之形成鲜明对比的是，翻转课堂教学模式打破了这种单向的信息传递方式，更加强调学生的主动参与和自主学习。在课前，学生通过多种数字化手段（如视频、播客、电子书等）进行自学，为课堂活动和讨论做好充分的准备。这种方式不仅提高了学生的自学能力，还激发了他们的学习兴趣和积极性。

在传统教学模式中，信息传递和知识内化是分别通过教师的课堂讲授与学生的课下作业、操作实践来完成的。而在翻转课堂教学模式中，教师赋予了学生更多的学习自由，并且学生可以借助网络等多媒体技术观看录制的教学视频，在课下完成学习知识的巩固。在这个过程中，学生可以自由选择适合自己的学习方式，前提是确保课前真正发生了较深入的学习；而知识内化过程则被放在了课堂上，这样师生之间、学生之间就可以有更多交流沟通的机会，并通过课堂上的相互碰撞把对问题的探究能够引入更深层次。

在翻转课堂教学模式下，教师的角色也得到了重新定义。他们不再是单纯的知识输出者，而是成为学生学习的引导者、协助者和伙伴。在课堂上，教师与学生一同参与项目的学习和问题的探究，帮助学生达到对知识更深层次的理解。此外，由于传统的授课任务已经转移到了课前，教师有更多的机会和时间与学生进行个体化的互动和指导，更好地了解每个学生的学习状况和需求。这种互动和合作将课堂变为一个真正意义上的学习社区，学生不再是孤立的个体，教师和学生之间相互促进，共同营造与构建师生"学习共同体"。

翻转课堂教学模式为学生提供了更加主动、灵活的学习环境。课后的时间不再是简单的作业完成时段，而是一个自主学习、深化理解和实践的阶段。学生可以根据自己的学习风格和节奏，灵活地选择学习内容和方法，而教师的角色则转变为一个协助者，采用讲授法和协作法来支持与引导学生的个性化学习。这种模式的目标是鼓励学生在实际操作和实践中加深对知识的理解，从而获得更真实和深入的学习体验。值得注

第五章 信息技术"赋能"高中英语教学模式和评价体系的创新

意的是,翻转课堂并不是孤立的,它与混合式学习、探究性学习等多种现代教育方法存在联系和重叠,都致力于提高学生的学习主动性和参与度。而在互联网的推动下,特别是随着移动互联网的普及,学生可以随时随地接触到丰富的在线教育资源,这进一步强化了翻转课堂教学模式的广泛应用和发展潜力。

(二)翻转课堂教学模式的特点

1. 依托信息技术,提前导入授课过程

传统的授课模式,强调教师在课堂上按照预定的教学计划和大纲进行有序、系统的教学,其核心目的是将知识和技能传授给学生,并在这一过程中对学生的价值观进行引导。在这种模式中,课堂被视为知识传递的主要场所,为此提供了固定的时间和空间。然而,随着翻转课堂理念的兴起,授课的界定和实践正在发生着根本性变革。课堂不再是知识传递的唯一或主要场所。通过信息技术和互联网服务,学生可以在正式的课堂教学前就已经对某些知识有了初步的了解和掌握。这种变化意味着,教师的角色和教学策略也需要进行相应调整,由单纯的知识传递者转变为学生学习过程中的引导者和协助者,而学生则由被动的接受者转变为更加主动、积极的学习者。这种转变为课堂教学创造了更多的可能性,使得教育更加贴合学生的实际需求和特点,也为教师提供了更多的教学策略选择。

在翻转课堂教学模式中,录制教学过程并不意味着简单地将教室内的实时教学搬到摄像机前。相反,这为教师的教学准备和展现力设定了更高标准。录制内容的知识点选择,应是新颖的、需要深入解析的和具有一定挑战性的,只有这样的内容才能引起学生的兴趣并激发他们的主动学习欲望。与此同时,授课内容需要经过教师深思熟虑的筛选和整合,以确保其简洁、直观并富有内涵。这要求教师在整个录制过程中都能展现出高度的专业素质,对每个细节都进行严格的把关,从而确保教学内

容的准确性和有效性，除此以外，教师也要对教学语言进行细致打磨，以确保录制的教学视频达到最佳效果。这样的教学方式不仅有助于提高学生的学习效果，也是教师专业成长的一个良好机会。

2. 改变教与学的次序，重新构建学习流程

在传统的教学模式中，教与学的次序如"教学"一词一样，先有教后有学。为了学而教，因为有教的呼唤，才会有学的回应，但这并不符合教学活动的本质，教学活动的产生是因为先有了学的需要，才有了教的实践，因此，学是教学活动产生的首要因素之一，传统学习过程强调的是教的绝对权威，忽略了学生作为学习者才是学习活动的主体，应当成为学习过程的主导者，只有学生有了学的动力与需求，教学活动才能更好地展开。

翻转课堂教学模式重新定义了教学的前提和流程，提前释放知识点，赋予学生更多的学习空间和主导权。这种模式强调学生在教学活动之前的自主参与，使学习过程变得独立和主动。在这种情境下，学生需要依赖他们之前的学习经验和知识架构去解读、吸收视频中的内容。而翻转课堂教学模式，相比传统教学模式，更多地从主导变为指导，将焦点转向了学生的主体性。这种方式下的学习，因个体差异，每个学生的反应和感受都会有所不同。有的学生可能完全吸收并运用知识，顺利完成课后任务；有的学生可能对某些点产生疑虑或仅达到部分理解；还有的学生可能会基于已有知识进行深度挖掘和反思，从而引发批判性思考和更多的创新想法。

3. 改变教学主导模式，重塑师生角色

翻转课堂教学模式带来的是教师和学生角色与定位的转变，即由以教师的教为中心到以学生的学为中心的根本性变化。具体来讲，就是教师从有着课堂绝对主导权的知识传递者，转变为指导并协助学生完成新知识建构的督导者；而学生则从被动接受课堂教学安排的知识传递的终

端接收者，转变为需要发挥主观能动性，完成知识获取和内化的主导者。这并不等于学生的学可以自由发挥，不再受约束和规范，而是整个教学过程有着更明晰的目标和更详尽的步骤。而这些目标和步骤正是以学生为学习过程的主体而制定的，可以更好地引导和促进学生学习的效率。

（三）翻转课堂教学模式在高中英语教学中的应用

1. 激发学生学习英语的兴趣，提高学生自主学习能力

在高中英语教学中，学生往往面临大量的知识记忆任务，这使英语教学变得枯燥乏味，导致学生对学习失去了兴趣。而当学生对学科缺乏关注时，传统的教学方式很可能变得无效。翻转课堂教学模式的引入则能很好地解决这一问题，翻转课堂致力于增强学生的主动性，通过这种教学方式，使得课堂教学时间不再被教师的单向讲解所占据，反而为学生提供了一个广阔的舞台，使他们成为英语课堂教学的中心。学生可以在英语学习过程中自主探索知识，这种探索的过程不仅可以燃起他们对英语的热情，还可以培养他们的自主学习能力。客观来说，翻转课堂教学模式能够提升学生的学习动力，让学生在课堂教学中更加活跃，从而促使他们能够更深入地了解和掌握英语知识。因此，通过翻转课堂教学模式，英语教学得以更有针对性地满足学生的需求，确保他们在学习过程中能够始终保持积极态度。

2. 优化英语课堂教学，提高教学质量

在高中阶段紧凑的课程安排中，坚持使用传统的教学方式可能会让教育效果大打折扣。翻转课堂教学模式为英语教学提供了新的实践方向，翻转课堂着重于在有限的课堂教学时间里为学生呈现最有价值的教学内容，让他们在课前通过在线资源或其他平台熟悉基础知识。到了真正的课堂时，学生已经具备了基本的知识背景，使得课堂教学时间能更加集中于深入地探讨、实际操作和答疑解惑。如此一来，学生不仅能够更加深入地理解和掌握英语知识，而且能够培养出他们的自主学习和批判性

思维能力。教师的角色也从单纯的知识传授者转变为学生学习的引导者和合作伙伴，更能针对学生的实际需求进行个性化指导。因此，翻转课堂教学模式不仅提高了教学质量，还是对英语课堂教学的一次深度优化，使之更加适应现代教育的需求。

二、探究式教学模式

（一）探究式教学模式的内涵

探究式教学模式指的是在教学过程中，学生在教师的指导下，通过以"自主、探究、合作"为特征的学习方式对当前教学内容中的主要知识点进行自主学习、深入探究并进行小组合作交流，从而较好地达到课程标准中关于认知目标与情感目标要求的一种教学模式。

在探究式教学模式的应用中，一般由教师率先根据教学内容确定学习的主题，让学生通过观察、思考、讨论等方式对于学习主题进行合作探究。探究式教学模式的优点在于，通过这一学习过程，让学生在学习知识的过程中，还能够提升自身的思维能力、沟通交流能力以及团队协作能力等。探究式教学模式既强调学生在教学过程中的主体地位，又重视发挥教师在教学过程中的主导作用，即探究式教学方法倡导在教师的引导下充分发挥学生的主观能动性，自主进行探究学习，从而提高学生的自主学习能力。这种教学方法本质上不仅有利于深化学生对于知识的理解和掌握，还有利于学生创新思维和创新能力的形成与发展。

（二）信息技术赋能高中英语探究式教学

信息技术作为推动当今社会教育领域发展的重要力量，已经深入高中英语教学之中。将信息技术科学运用于探究式教学之中，就能够为学生创造出一个充满活力、充分发挥主观能动性的学习环境。在这种环境中，英语教学的边界得到了拓展，不再局限于课本和教室，而是最大限度地激发学生自主学习的意愿。

信息技术借助互联网平台实现了教育空间与教育资源的极大拓展，强化了学生学习的主动性和对于知识的选择性。在探究式学习过程中，学生可以根据自己的兴趣和需求选择最适合的学习材料与工具，而不再是被动地接受教师的教学内容和方式。通过这种方式，学生可以更加深入地探索自己感兴趣的领域，从而更好地理解和掌握英语知识。与此同时，信息技术也为教师更好地开展教学实践提供了更多的灵活性和创新性，在教学设计和实施过程中，教师可以根据学生的反馈和学习情况，灵活调整教学策略和方法，以学生为核心，立足于新课改大纲与教育总目标，同时结合学生的学习需求，多元化地运用教学资源与手段进行英语教学实践。

信息技术还为高中英语探究式教学提供了丰富的工具和平台，支持学生与教师之间、学生与学生之间更好地沟通和交流，这种交互性的增强客观上提高了学生的合作和交流能力，促进了他们之间的相互学习和成长。具体来说，通过在线讨论和协作工具，学生可以在小组中共同完成任务，分享资源和经验，相互学习。而教师则可以更直观地了解学生的学习进度和问题，及时给予反馈和指导。这种双向的、即时的交互过程，大大提高了教学的效率和质量。

三、情境式教学模式

（一）情境式教学模式的内涵与特点

1. 情境式教学模式的内涵

情境式教学模式指的是在实践教学之中，教师有目的地引入或创设具有一定情绪色彩的、以形象为主体的生动具体的场景，将教学活动置于创设的情境中开展，以引起学生一定的态度体验，从而帮助学生更好地理解教材，并使学生的心理机能得到发展的教学方法。

情境式教学模式认为，学习不能简单地理解为教师把抽象的知识传递给学生,也不仅是一个基于个体的意义建构过程,学习还是一个社会性、互动性、协作性的过程,是处于某一特定情境下的学习。

2.情境式教学模式的特点

(1)形象逼真。形象逼真是情境式教学模式最直观的特征,情境并不是实体的复现,而是简化的模拟。因此,情境式教学模式要让学生获得与实体相似的形象,进而产生真实感,只有使学生身临其境,才能更好地达到情境式教学模式的目的。

(2)融情于境。情境式教学模式的实施必须以生动形象的场景创设为基础,如此才能激发学生学习和练习的情绪与感情的体验。在此过程中,教师要借助语言,将情感寓于实践教学的过程之中,改变传统课堂中教师单向理论灌输的知识传授模式,重视学生的情感体验,使学生在一定情境中自觉进行知识的探索与学习。情境式教学模式融情于境,为学生创设和开拓了一个广阔的想象空间,从而促使学生更深刻地理解和掌握教材,激发学生的想象力。

(3)知、情、意、行相融合。情境式教学模式的前提是创设一定的教学情境,用实物演示情境,直观地再现情境、利用角色扮演情境、借助语言描绘情境等诸多方法,将学生引入一定的情境和一组情境之中,使之产生一定的内心感受和情绪体验,进而克服一定的困难和障碍,能够形成一定的志向,积极地进行练习,从而达到知、情、意、行相融合的效果。

(二)信息技术促进情境式教学模式的开展

英语教学的目的是提升学生的语言运用能力,情境式教学模式则非常适配这一教学目标,而信息技术则进一步为高中英语情境式教学模式提供了技术支撑,为语言学习创造了更加真实、互动和沉浸式的环境。情境式教学模式注重在具体和真实的情境中开展知识的运用练习,让学生在实际或模拟的环境中进行语言应用。在数字化时代,信息技术的引入使得英语教学不再局限于固定的教室，而是跨越了地域和文化的界限，为学生提供了无数与真实世界接轨的机会。在课堂教学中，通过融媒体技术的应用，教师也更容易创设出具体的情境，能够更快地完成情境的切换，可以说，信息技术的运用能够在很大程度上提升英语情境式教学模式的效率。

在高中英语情境式教学模式实践中，教师可以利用信息技术来构建、调整和优化教学情境，以满足不同学生的需求和兴趣。信息技术为教师提供了丰富的资源和工具，使教师能够轻松地为学生创建与真实生活相接近的英语学习环境。这种环境鼓励学生主动参与、探索和实践，培养了他们的实际应用能力和跨文化交际能力。与此同时，信息技术还为教师提供了各种评估和反馈工具，有助于他们更加精准地了解学生的学习进度和需求，从而更好地调整教学方法和策略。总的来说，信息技术为高中英语情境式教学模式带来了深远的影响，使其更加贴近真实，变得更加生动和高效。

第三节 信息技术"赋能"高中英语评价体系的创新

一、评价体系的作用

（一）教学反馈作用

科学的评价体系能够作为一种监督手段，为高中英语教学提供关于人才培养得更全面、客观、详细的信息。科学的评价机制在评价内容上能够覆盖人才培养的各个环节与各组成要素，能够科学地反映人才培养过程中具有的优点与存在的不足，帮助人才培养主体更好地观察人才培养的整个过程，同时做出更加科学的决策。

1. 掌握学生的学习状况，为教学改进提供依据

高中英语教学评价体系可以通过定期对学生进行形式多样的评价，全面了解学生的学习状况，包括学习态度、学习兴趣、学习方法、学习成果等。这些评价结果可以为教师提供学生学习的详细信息，使教师能够及时了解学生的学习困难和需求，为教学改进提供依据。例如，教师可以根据评价结果有针对性地调整教学内容、教学方法和教学进度，以提高教学效果。

2. 激发学生的自主学习意识，促进学生全面发展

科学的高中英语教学评价体系可以向学生提供及时、有效的学习反馈，使学生了解自己在学习过程中的优点和不足。对于学生来说，这些反馈不仅可以激发学生的自主学习意识，使他们更加关注自己在英语囊括的各项素质方面的成长和进步，也可以帮助学生进行自我总结与反思，进而对学习方法、学习策略和学习态度进行相应调整。对于学校来说，学校还可以根据评价结果对学生进行个性化指导，帮助学生发现和解决学习问题，从而提高学生的英语学习质量。

3. 提升教师的教学能力，促进教育教学改革

高中英语教学评价体系可以为教师提供关于教学效果的反馈信息，使教师能够了解自己的教学方法、教学内容和教学组织等方面的优缺点。通过对这些反馈信息进行分析和总结，促使教师及时调整教学策略，改进教学方法，提升自己的教学能力。

（二）资源配置优化作用

1. 明确教育目标，提升教育质量

高中英语教学旨在提升学生的英语综合素养，培养德智体美劳全面发展的社会主义建设者和接班人。为了达到这一目标，评价体系对教学资源、教育手段、师资力量等方面提出了具体要求。这种明确的要求有助于学校充分调动各类教育资源，提高教育教学质量。具体来说，评价

体系一方面要求学校在英语教学方面投入足够的经费、人力等资源，以确保教育工作的有效开展；另一方面要求学校加强对教师的培训，提高教师的教育水平，使其更好地担任教育工作。

2. 优化课程设置，创新教育模式

高中英语教学评价体系对于教学过程的评价，客观上能够帮助教师总结教学过程中的经验，发现教学过程中的不足，进而根据教学大纲与教育目标调整教学模式，优化教学内容与课程设置。

3. 建立激励机制，提升教育效果

高中英语教学评价体系能够建立一套有效的激励机制，以提高学生的学习积极性和教师的教学热情。具体而言，学校可以通过设立奖学金、荣誉称号等方式，表彰在英语学习方面取得优异成绩的学生，激发他们的学习积极性和自我提升的动力。同时，学校还可以对在英语教育工作中表现突出的教师给予奖励，如评优、晋升、提高待遇等，鼓励教师全身心投入教育工作，以提升教育教学质量。

（三）导向作用

1. 明确教育价值观，引导教育方向

高中英语教学评价体系在导向作用上要明确教育价值观。评价体系要求学校坚持以培养德智体美劳全面发展的社会主义建设者和接班人为目标，要求教育工作紧密围绕这一目标开展，保证人才培养始终坚持正确的发展方向。

2. 确立评价指标，引导教学重点

高中英语教学评价体系通过确立一系列具体、明确的评价指标，为教育工作提供了可量化、可操作的参考依据。通过这些评价指标，学校可以明确教学重点，有针对性地进行教育教学工作。

3. 发现教学问题，优化培养方式

通过高中英语教学评价体系，人才培养的主体可以准确把握人才培养的重点，及时发现人才培养过程中存在的问题，并对人才培养模式或人才培养具体的方式方法进行及时调整。与此同时，科学的评价体系也为学生的学习指明了前进的道路，使学生能够沿着正确方向构建自身的知识与能力体系，同时根据评价体系的反馈，及时发现自身在学习过程中存在的不足，及时调整学习方法，解决遇到的问题。

二、信息技术"赋能"高中英语评价体系创新的路径

（一）过程性评价与结果性评价相结合

"改进结果评价，强化过程评价"是《深化新时代教育评价改革总体方案》的重要内容，强化过程评价，不仅要认识它的含义与功能，明白它的基本思路，还要有针对性。这种针对性对真正强化过程评价是非常有必要的。强化过程评价的针对性，体现在不同的学生、课程与学科上。

过程性评价的基本原则是促进学生全面发展与个性化发展的有机统一，符合现代教育理念与教育改革的价值追求。在高中英语教学中，强化过程性评价，需要实现评价证据的多样化，通过多项标准收集不同类型的评价证据。随着教育信息技术的发展，若想对英语教学过程有一个准确的把握，就需要收集学生学习过程中的大量数据，这就需要教育者要对信息技术有一个良好的掌握。在这一过程中，对于不同证据的评价方式也应是多样化的，要坚持主客观相结合的判断思路，教师要将客观的证据与自身主观的经验和判断充分结合，得出更加科学的结论。

当然，现代教育理念虽然提倡重视过程性评价与发展性评价，但并不等于不重视结果性评价。对于教育结果的评价立足于育人成果，其重要作用是通过各项教育指标的评测情况对于整个育人过程的成效进行总结性评价，以确定当前的育人模式是否存在不足。而对于结果性评价的分析就需要充分运用信息技术，从现象分析本质，在数据中找到学生学习过程中体现出的特征以及存在的问题。因此，若想进一步优化高中英

语教学的评价模式,就必须重视过程性评价与结果性评价的有机结合,同时,还要注重基于信息技术的全新评价模式的开发与运用。

(二)定性评价与定量评价相结合

定性评价与定量评价各有自身的优点,我们要改变以往以定量评价与结果性评价为主要内容的评价模式,要创新评价方法,重视过程性评价与结果性评价相结合、定性评价与定量评价相结合的现代化教学评价机制。

在高中英语教学评价中,信息技术的应用极大地促进了定性评价与定量评价的有机结合。通过信息技术,教师可以迅速收集、整理和分析学生的学习数据,为定量评价提供便捷和准确的手段。与此同时,各种在线交互平台和应用程序允许教师深入了解学生的学习过程,挖掘他们内心真实的想法,从而进行深入的定性评价。这种融合了数量和质量的评价方法不仅增强了评价的多维度性和全面性,而且能使教学反馈更精确和更有针对性,客观上有助于更好地指导学生的学习,满足他们的个性化需求。信息技术在此中扮演的角色不仅是一个工具或平台,还是一种将传统教学评价模式升级、优化的驱动因素,使得高中英语教学更加科学、合理和高效。

(三)优化增值评价

增值评价是相对较为新颖的评价方式,它不是以学生的考试成绩作为评价学校和教师的唯一标准,而是引导学校教育与评价模式多元发展。教育增值评价就是以学生学业成就为依据,追踪学生在一段时间内学业成绩的变化,并将客观存在的不公平因素的影响分离开来,考察学校对学生学业成就影响的净增值评价。

增值评价是一种纵向评价,关注的是一段时间以来学生的成长与学校的发展。在教育评价中,最常用的评价方式是使用学生成绩原始分数的平均分或升学率作为评价指标,从而确定学校或教师的工作是否有效。从本质上看,增值评价也是一种多元评价,它更关注测量数据背后隐含的价值，关注学习环境、教育环境对教师的教学、学生的学习产生的影响。

在高中英语教学中优化增值评价，必须从以下三个方面着手。第一，优化增值评价需要重视数据的收集、积累与分析，没有数据的积累，增值评价就是无源之水、无本之木。增值评价重视对于学生成长过程与教学效能的评价，是一种过程性的、阶段性的评价模式，这种评价是基于相对微观的教学数据变化的，因此，若想优化增值评价，提升其对于教学实践的指导能力，就必须以实际的教学数据，以及相对科学的数据分析模式作为其技术支撑。第二，优化增值评价需要在政府的引导下，组织联合区域内的学校定期举行标准化测试、教育质量评估调查等。如果没有区域层面的教育质量检测，就很难对学校以及教师的教学效能进行比较。而多学校之间信息与经验的交流也离不开信息技术的支持。第三，优化增值评价需要有相应的统计技术、统计模型的支撑，用以分析、处理、筛选相关的因素，描绘出进步的程度。由于增值评价是针对学生具体成长情况进行的评价，评价内容相对微观、精细，其对于评价模型与数据统计、分析技术的要求也非常高。

第六章 信息技术"赋能"高中英语实践教学创新的路径及课例

第一节 信息技术"赋能"高中英语语言知识教学

一、英语词汇教学

(一)英语词汇教学的重要性与现状

词汇是语言最重要的组成部分之一,也是语言体系的重要基石。离开词汇,语言就失去了表达和书写的基础,难以传递语言信息,由此可见,词汇教学在语言教学中的重要地位。在日常交流中,我们使用词汇描述事物、表达情感和分享观点。在英语中,每个词汇都蕴含着特定的意义和用法。在高中英语学习过程中,学生遇到的各种听力、口语、阅读和写作任务都离不开对词汇的掌握。词汇量越丰富意味着学生有着更广阔的知识面、更精准的表达和更深入的理解。对于高中生来说,拥有一定的词汇量不仅可以帮助他们更好地吸收教材内容,还可以让他们在实际交流中更自信。除此之外,词汇也是连接文化、历史和现实的桥梁,通过学习和掌握词汇,学生可以更加深入地了解英语文化,从而培养出国际视野和跨文化交流的能力。因此,词汇的学习与积累是每个学生英语学习之旅中不可或缺的一部分。

对于中国的英语教学来说,由于汉语与英语之间存在着较大差别,中文词汇与英文词汇在内涵、外延、使用方法以及适用情境等方面都存在着明显的不同。这种因语言特点的不同而产生的一些英语单词上的语义差别使得学生在理解方面存在一定困难，而对于我国英语教学过程而言，对词汇含义的辨析也是一个十分重要的环节。这也是词汇教学能够成为英语教学基础的原因，只有帮助学生弄清楚词汇的含义及用法，才能更好地开展后续阶段的英语教学。

词汇在第二语言习得中的重要性还体现在词汇偏误后续对于语言学习的重要性影响上，大量的相关研究表明，词汇偏误是第二语言习得中最常见的偏误类型，甚至超过语法偏误，而且词汇偏误更容易对语言学习者造成思维混乱，第二语言习得造成的影响更显著。词汇对于语言的理解尤为重要，语言的理解，特别是口语理解，在很大程度上取决于对于词汇技巧的掌握程度。许多语言研究者和语言学理论都将词汇置于语言学习的中心位置，这也进一步表明了其在语言教学中的重要性。

在我国英语教育实践中，词汇教学被视为英语教学的基础，教师经常针对重点词汇进行详细讲解，并以此为基础拓展相关语法与句型教学，虽然对于英语词汇教学的重视程度较高，但词汇教学仍然存在较大的提升空间。比如，在当前的高中英语课堂上，教师在词汇教学过程中普遍选用"词汇朗读—重点词汇讲解—背诵默写"的方式。这种教学方式固然有一定的优点，一段时间内有利于学生掌握重点词汇，但这种单调且枯燥的教学方法使学生在词汇学习中十分被动，消磨了学生对于词汇学习，甚至是英语学习的兴趣。在实践教学过程中，教师应该结合实际情况，积极改进英语词汇教学方法，充分调动学生对于词汇学习的积极性。

教师在英语词汇教学过程中应该以学生为主体，注重培养学生的自主思维能力，引导学生对词汇进行记忆、归纳和总结。然而，在中小学英语教学实践中，很多教师在英语课堂上只注重对于词汇知识的教授，而忽视了学生对于词汇知识的接受和理解程度，从而导致学生对于词汇的主动学习能力不足。这样的教学方式直接造成了另一个英语词汇教学问题的产生，即在大学阶段，英语教材、课程以及教学方式较中学阶段发生了巨大变化，词汇不再是课堂教学的重点，教师对于词汇的讲解大大减少，而未能在中学阶段培养起词汇自主学习能力的大学生会忽视对词汇的学习，从而导致词汇量匮乏的情况出现。"授人以鱼，不如授人以渔"，教师是课堂教学活动的主导者，而学生是知识传授的对象，教师应该明确两者的角色定位，引导学生进行词汇学习，培养学生的自主学习能力。

除了上述内容外，许多教师在课堂教学中只重视课本单词的讲解，缺乏对于单词外延以及与学生实际生活相联系的讲解。这样会限制学生的想象，导致学生难以对英语学习提起兴趣，同时对于单词的理解和运用比较狭隘，不利于学生对于单词的记忆。教师应该在词汇教学的过程中创设相应语境，使学生在学习词汇的同时运用词汇，真正将学到的新词汇融入自身的英语知识体系中去，只有这样，才能在学习中形成牢固的印象。

（二）英语词汇教学的内容与方法

英语词汇教学主要包括词义教学、词汇结构教学以及词汇运用教学三个方面。

1. 词义教学

词义教学是英语词汇教学最基本的组成部分之一。高中英语在初中的基础上进行了深化与拓展。除了对初中阶段学习的词汇进行巩固外，还会引入更多的高频词汇，以确保学生能够应对更多实际交流场景。例如，学生可能会学到与环境、健康、社交等话题相关的词汇，这些词汇不仅增加了他们的词汇量，也为他们未来参与更深入的社会和学术讨论提供了工具。与此同时，高中阶段学术型词汇的教学有了显著提升，因为随着学生逐步进入大学及后续的研究领域，他们需要掌握的英语词汇不再局限于日常交流。高中英语课程将有针对性地引入一些学术性强的词汇，帮助学生为大学英语学习做好准备。这些词汇可能涉及特定领域，如文学、历史、科学、数学等。这样的做法从客观上讲也培养了学生分析、评价和批判性思考的能力，使他们在研究与写作中能更流畅和准确地表达思想。

在教学方法层面，词义教学不仅是单纯地对英语词汇的中文释义进行解释和教学，同时还要让学生明白所学词汇在不同语境下具体选取何种释义。因为汉语与英语分属两个语系，两者差别较大，从词汇语义的角度来讲，汉语不能完全准确地表达英语词汇的含义及其外延，并且根据语境的不同，英语单词的具体释义也会发生变化。因此，词义教学不能仅停留在单词记忆和背诵阶段。对于高中英语学习者来说，单纯的词汇学习远远不够。很多英语词汇背后都蕴含着丰富的文化、历史和地理信息，这些信息对于准确、得体地使用这些词汇至关重要。具体词汇的记忆固然重要，但在英语词汇的词义教学过程中，教师可以采取以下两种辅助方式加深学生对于词汇的理解。

第一种是通过中英双释义教学方式，提升学生的词典查阅能力。中英双释义教学可以在帮助学生记忆单词基础含义的同时，加深学生对于英语词汇的理解。只有用英语解释英语，才能做到全面解释词汇的含义和用法。学生在认识、理解单词时，往往需要通过课本附带的单词表以及课文内容，这种方式只能记住英文词汇的基本释义，对于英文词汇的理解浮于表面，浅尝辄止。因此，在教学过程中，教师应鼓励学生活用工具书，规范、标准、全面地了解词汇的含义。

第二种是结合句型进行教学，传统的词汇教学往往孤立地对词汇进行教学，这种词汇教学方法是不符合英语词汇的使用习惯的。英语在发展过程中出现语言结构变化导致英语词汇拥有多种含义，且近义词较多，这在客观上很容易带来英语词义学习难度上的提升。在实际的语言交流过程中，人们都是通过句子表达自己思想的，词汇只是句子中的组成部分。因此，对词汇的解释和理解需要放到具体句子中去，词汇因句子而

第六章　信息技术"赋能"高中英语实践教学创新的路径及课例

产生意义，难以孤立存在。另外，词汇的许多语言特征、读音、释义选取以及形态变化，只有在具体的句型中才能充分体现出来。

在实际的词汇教学中，教师可以借助先进的教学技术，提高高中英语的教学效率与质量，具体内容如下。

一是数字化词汇卡片。在高中英语教学中，数字化词汇卡片的引入极大地丰富了学习资源，为学生提供了更生动、更直观的学习体验。传统的纸质卡片往往仅限于文字描述，而数字化词汇卡片的多元化内容则可以帮助学生跨越文化和语境的障碍，更深入地掌握单词的含义。例如，对于一个描述日常生活场景的单词，通过查看与之相关的实际情境视频，学生不仅可以了解该词语言层面的含义，还可以理解其在特定文化背景下的用法和含义。可以说，这种动态的词汇卡片系统满足了高中生的学习需求。高中阶段学生已经具备一定的英语基础，他们追求实际应用和真实语境的学习。通过这种与实际生活紧密相连的学习方式，学生的学习兴趣和积极性都得到了极大提升。音频元素的添加使得学生可以反复练习发音，模仿正确的语音语调，这对于提高他们的听说能力尤为关键。而且，这种数字化的学习方式不仅限于课堂。学生可以随时随地利用移动设备进行学习和复习，打破了时间和空间的限制，真正做到了自主学习。此外，教师也可以根据学生的学习进度和反馈，实时更新和调整词汇卡片的内容，以确保教学资源的时效性和针对性。

二是语料库与大数据分析。它也是信息技术应用于词汇教学的一个重要发展方向。高中阶段，学生不仅需要掌握词汇的基本意义，还需要学会在不同语境中恰当地使用这些词汇。传统教学方法可能难以为学生提供充分的实例来展示单词的多种用法，而语料库则可以为学生呈现出一个单词在各种真实文本中的应用，从而让学生有更深入、更全面的理解。通过语料库，学生可以快速查找到一个单词在新闻、小说、学术文章中的使用情况，这对于培养学生的语境意识和判断力至关重要。它使学生意识到，语言并不是孤立使用的，而是在特定的文化和语境中发挥作用。除此之外，通过对大量的文本进行分析，教师能够更精准地确定哪些词汇是高频词，应该被优先教授，哪些词汇可能在考试或实际应用中更关键，从而对教学策略进行相应调整。而通过大数据分析则可以为教师提供每个学生的学习习惯、弱点和优势的数据支持。例如，一些学生可能在处理学术文章中的专业词汇时存在困难，而另一些学生可能在日常会话中的俚语和习语的使用能力上需要提高。通过大数据的帮助，教师可以为每个学生制订个性化的学习计划，从而提高教学的效果和效率。

三是现代信息技术在高中英语课堂教学中集中体现在融媒体教学的应用上。在传统的教学模式下，词汇教学很容易使学生感到枯燥，但是在信息技术的辅助下，教师可以通过运用游戏化教学的方式，将词汇教学课堂变得更加生动有趣。信息技术带来的在线游戏和应用为这种趣味化的学习方法提供了实际平台。与传统的死记硬背不同，学生在游戏的挑战和互动中遇到新词汇，需要根据上下文或通过与其他玩家的合作来理解和使用这些单词。这种情境化的学习方式可以帮助学生更好地记忆和运用词汇，同时还可以培养他们的团队协作和解决问题的能力。例如，一个词语匹配游戏可能要求学生在有限时间内找到单词和与其相对应的图片或定义，这不仅能够锻炼他们的反应速度，还能够加深他们对单词的印象。另外，学生在获得高分或解锁新关卡时获得的成就感，会进一步激发他们的学习动力。因此，通过游戏化学习，不仅可以提高学生对英语词汇的掌握能力，还可以在不知不觉中培养他们的其他重要技能。

2. 词汇结构教学

词汇结构教学能够帮助学生了解构词知识，记忆具有相同或类似结构的词汇，同时有助于学生打开思路，扩展他们对于词汇的联想，使其能够更加主动、系统地去学习和记忆词汇。英语单词的构成往往有它自身的规律，只有了解并掌握英语词汇的构词规律，才能更加高效、准确地记忆单词。比如，英语单词构词法的重要内容之一就是词根，词根的教学也经常出现在我们的英语教学实践当中。

英语中的单词一般由三部分组成，即词根、前缀和后缀，其中词根决定了单词的意思，前缀改变单词的词义，后缀确定单词的属性。掌握了这种构词规律，英语词汇的学习便会事半功倍。例如，知道"-logy"代表"学科"或"研究"可以帮助学生理解"biology"（生物学）或"geology"（地质学）的意思。除此以外，对词根如"tele-"（远程）的了解可以帮助他们推测"telescope"（望远镜）或"telepathy"（心灵感应）的含义。这种方法不仅为学生提供了一种系统性的学习策略，还使他们能够更加自信地面对新词和复杂的文本，从而提高他们的语言洞察力和逻辑推理能力。

3. 词汇运用教学

词义教学是英语词汇教学的基础，而词汇运用教学则是英语词汇教学的目的。学生对于词汇运用得熟练与否可以体现学生对于词汇的熟悉和掌握程度。词汇运用教学可以采取以下几种方法。

第一种方法是通过写作训练巩固词汇。通过写作巩固学生的词汇学习成果是词汇运用教学过程中最为常见的手段之一。练习写作可以帮助学生灵活运用所学词汇，不再是被动地学习词汇知识，而是主动使用词汇，进而提升学生词汇的运用能力。充足的写作练习可以帮助学生巩固对于词汇的记忆，不容易遗忘。写作的过程本身也是提高学生词汇掌握能力的过程，可以帮助学生训练词汇的运用技巧，包括词组、固定搭配、语义选择等。

第二种方法是通过情境教学提升学生的词汇运用能力。词汇学习的目的在于能将词汇融入学生的英语交流实践中去，因此教师在讲解词汇时，应重视词汇运用教学。教师在词汇教学时，应当充分结合讲解的词汇，在课堂教学中创设多种情境，鼓励学生把所学词汇运用到交流情境中。

第三种方法是结合语言的文化背景讲解词汇。在词汇运用的讲解过程中，还要注意结合相关的文化背景。英语词汇作为英语中最活跃、最具生命力的组成部分，最能反映英美文化独特的魅力和内涵。学习英语词汇的过程，实际上也是学习西方文化的过程。对于在母语环境下学英语的中国人来说，应该了解在中西方不同文化背景影响下，英汉词语之间存在的差异；另外，语言又受文化的影响，并反映文化。可以说，语言能够反映一个民族的特征，它不仅包含着该民族的历史和文化背景，而且蕴藏着该民族的生活方式、思维方式以及人生观。

教学是一种互动的过程，特别是在新课改的理念指导下，传统的单向灌输式的词汇教学模式已经难以适应新课标的要求，学生对于词汇的学习不能仅限于记忆，还要深入理解词汇，学会运用词汇，学生应在练习与运用中深化对于词汇的理解和记忆，而要做到这一点，就离不开一个良好的反馈系统，而现代信息技术则能在其中发挥巨大的作用。与传统的书面作业和测试有所不同，数字化学习工具提供的即时反馈能够帮助学生迅速识别和纠正他们的错误，避免他们形成长期的错误习惯。例如，当学生在完成一个在线练习时误用了某个单词，系统会立即指出错误，并展示正确的使用方法，这使得学生能够在短时间内掌握并应用新知识。对于教师来说，这些工具同样有益。通过分析学生在各种练习中的表现数据，教师可以更准确地了解每个学生的词汇强弱点，甚至可以识别出整个班级普遍存在的问题。这为教师提供了宝贵的信息，使得他们能够根据实际情况有针对性地调整教学内容。例如，加强某个具体词汇领域的训练或重新解释某些容易混淆的单词。总之，实时反馈工具为高中英语词汇教学带来了革命性的变革，让教与学变得更加智能、高效与精准。

信息技术为词汇运用教学带来的促进作用还有很多，信息技术能够提供多种工具来辅助学生更好地进行词汇运用训练。教师可以充分调动多方教育资源，利用现代信息技术打造智能写作助手一类的辅助学习系统，为学生提供一个实时的、互动的学习环境。当学生尝试使用所学词

第六章　信息技术"赋能"高中英语实践教学创新的路径及课例

汇进行写作时，智能写作助手便能够及时捕捉到他们可能犯的错误，为学生展示正确的用法，从而避免他们在初学阶段就形成错误的习惯。除此以外，这种实时反馈不仅能为学生及时指正错误，还能为学生提供更丰富的同义词或近义词选择，帮助他们拓展词汇量，并教会他们如何在不同的语境中对词汇进行灵活运用。这种互动式的学习方式，极大地激发了学生的学习兴趣，使他们更愿意主动地参与到写作实践中来。智能写作助手还可以为教师提供学生写作的数据分析，帮助教师更精确地了解学生在词汇运用上的薄弱点，从而更有针对性地设计教学内容。这不仅提高了教学的效率，还使得教学更加个性化，更贴近每个学生的实际需求。

在高中英语词汇运用教学中，信息技术还可以帮助师生模拟真实写作场景。通过信息技术的应用，使得英语词汇写作运用教学不再局限于传统的作文模式，而是可以引导学生深入生活，体验与现实紧密相连的写作实践。例如，当学生被要求模拟撰写一封工作申请的电子邮件时，他们不仅需要注意邮件的正式格式，还需要确保使用恰当且专业的词汇来描述自己的能力和经历。在模拟社交媒体帖子的写作中，学生可以学习如何在有字数限制的情况下精准地传达信息，同时要掌握日常生活中常用的口语化词汇和表达方式。而在模拟新闻报道的练习中，学生则要学习如何保持客观公正，使用准确、简洁的词汇来呈现事实。这些真实场景不仅可以帮助学生更深入地了解和应用词汇，还可以培养他们的批判性思考和多角度观察问题的能力。更重要的是，它们能使学生意识到英语学习并不是孤立的，而是与现实生活紧密相连的，从而激发他们的学习动力和兴趣。

二、英语语法教学

（一）英语语法教学的含义

语法是语言表达的基础结构和框架，是语言体系的规范性法则，也是人们通过语言正确表达自己思想的规则和依据，脱离语法的语言表述，往往难以对思想进行准确的描绘和传达。因此，我们在学习和使用语言时，无时无刻不受语法规则的支配。

英语语法包括描述性知识和程序性知识。描述性知识由各种语法规则组成，如词法、句法和章法，包括词类、从句、时态、语态、情态等；程序性知识是指如何运用语法完成交际任务的知识。描述性知识可以通过学习获得；而程序性知识表现为一种能力，必须通过训练和运用才能掌握。

英语语法是对词语构成及合成句子规律的解释。更确切地说，语法是人们使用语言进行交际时，将词语组成句子，使语言具有明确意义，并能为对方所理解的一套规则。语法在交际中对语言起到组织作用，能帮助人们更准确、更恰当地理解语言、使用语言。语法的种类很多，大体上可以分为理论语法、参考语法和教学语法。其中，教学语法是专门为教学目的而编写的语法，只包括语言中最基本、最常用的语法规则，英语教材中的语法编写体系属于教学语法范畴，是实践语法。学生学习语法不是单纯为了学语法而学语法，而是将语法作为一种语言学习的工具。

培养语言技能是英语课程的目标之一。英语语言技能包括听、说、读、写、译五个方面。在这五项技能中，语法知识无不渗透其中，离开了语法知识就无法正确地使用语言。英语课教授语法是必要的，符合中国学生认知规律的循序渐进的语法教学，能够迅速有效地帮助学生正确理解和掌握英语。由此可见，教授语法不是最终目的，从本质上讲，它是一种培养学生语言实践能力的有效手段，其最终目的是让学生将语言的形式与其意义、交际功能有机地结合起来，通过在具体语境中体验和运用来内化语言规则，从而达到准确运用语言进行有效得体的交际的目的。因而，在英语语法教学中，应该考虑到语法教学在英语教学中的意义，即学习语法的目的就是确保学习者能够正确使用语言进行有效的交流。

（二）英语语法教学的目标

1. 深化理解

经过初中阶段的学习，学生对基础的英语语法结构有了初步的了解和掌握。高中阶段的英语语法教学不仅要求巩固这些基础，还要求学生能够从不同的角度和深度去理解与分析这些结构。除了常见的语法结构外，高中英语课程还会引入一些更复杂的语法概念，这就要求学生不要停留在表面的应用层面，而要真正深入语法的内核，理解其背后的逻辑和规律。这样的深入理解有助于学生在未来的学习和生活中，更加灵活和准确地使用英语。

2. 提升英语运用的准确性与流利性

语法是语言的骨架，它决定了语言表达的清晰度和准确性。在高中阶段，英语语法教学不仅仅是传授规则，更重要的是培养学生将这些规则融入实际语言使用中的能力，以确保他们的表达既准确又流畅。准确性意味着学生能够正确地应用各种语法结构，避免常见的语法错误，使他们的表达更具逻辑性和连贯性；而流利性则涉及语言的自然和连续性，即学生在交流时能够自如地、不受拘束地使用英语，而不是停顿不前或过度思索。通过深入的语法学习和大量的实践练习，学生可以更好地将语法知识转化为实际的语言能力，使其在面对各种语境时都能够游刃有余，无论是书面表达还是口头交流。

3. 提高表达能力

高中英语语法教学需要使学生能够灵活地掌握英语这一工具和手段，来精准、有层次地传达他们的观点和情感。对于复杂的语法结构来说，它们不是形式上的规则，而是语言中用于细化、强化或指定意义的关键元素。当学生掌握这些高级语法结构时，他们的语言不仅生动、有深度，而且能更好地反映其复杂的思维和多面的情感，从而能够更好地运用英语进行沟通。

（三）英语语法教学的内容

英语语法教学的主要内容可分为词法和句法。词法主要包括构词法和词类。构词法讨论词的转化、派生、合成以及不同的词组等内容。词类分为静态词和动态词。静态词包括名词、形容词、数词、代词、副词、冠词、连词、介词、感叹词。需要指出的是，静态词并非绝对不变。例如，名词也有数、格、性的变化，形容词也有比较级和最高级的变化。动态词包括动词及时态、语态、助动词、情态动词、不定式、动名词、分词、虚拟语气。

句法主要包括句子成分、句子分类和标点符号三大部分。句子成分主要包括主语、谓语、宾语、定语、状语、表语、同位语、独立成分等。根据不同的标准可对句子有多种划分：按结构可将句子分为简单句、复合句和并列句；根据使用目的可将句子分为陈述句、疑问句、祈使句、感叹句。另外，标点符号也是句法学习中必不可少的内容之一。

（四）英语语法教学的方法

语法属于英语教学中难度较高的教学模块，因此，语法教学必须同时兼顾语法知识的记忆与运用，同时，要采取灵活的教学方式，防止学生学习积极性的下降。因此，英语语法教学方法的选用需要科学平衡这两者之间的关系。通常来说，语法教学的具体方法多种多样，因人而异，本书从价值取向与方法论的角度入手进行分析，高中英语语法教学的方法主要包括以下三个方面。

1. 重视实用性教学

语法是语言表达的基本规则和结构规范，而语言是为交流服务的，语言的熟练运用是在实际交际中产生的。因此，语法教学不应该是孤立于其他英语知识体系之外的，而是要与其他的英语教学模块充分结合。在词汇、阅读、写作以及口语练习中贯穿语法的教学，使学生在实际运用中真正理解语法知识。

英语教师在教授语法知识时，应该详略得当、突出重点，对于重点的语法知识，如语态、句子成分分析、定语从句等语法知识应该多加讲解和练习；对于那些复杂且在日常运用过程中使用较少的语法知识应当一点就过，帮助学生在学习庞杂的语法知识时能够有一个清晰的思路。基于此，以提升实际运用能力为目的的英语语法教学，会使学生对于重点语法知识的掌握更加牢固，语法学习的目的更加明确，同时重点突出的语法教学方式可以减少学生语法学习的压力，增加学生学习语法的兴趣。[1]

现代信息技术为高中英语语法教学带来了重大变革，利用数字化平台，教师可以创建互动式的语法练习，使学生能够实时收到反馈并及时调整学习策略。例如，智能教育软件可以根据学生的学习进度和错误类型为他们提供个性化的习题与解答，以确保每个学生都能够在自己的节奏下进行深度学习。多媒体资源也使得语法教学更具生动性和情境性。通过视频和动画，教师可以为学生展示语法结构在真实对话中的应用，使得学生不再是被动地接受知识，而是能够积极地参与到情境中，体验和实践语法知识。利用大数据和人工智能技术，教育平台可以分析学生在各种实际交流场景中的语法错误，为教师提供有关哪些语法点需要进一步加强教学的建

---

[1] 黄娟. 英语教学理论体系建构与实际应用研究[M]. 长春：吉林人民出版社，2019：78-84.

议。这种数据驱动的教学方法不仅能提高教师的教学效率，也能使教师更有针对性地进行教学。而线上社交互动平台的构建为学生提供了一个使用英语进行实际交流的场所。在这里，学生可以与来自不同文化背景的人进行交流，实际运用所学的语法知识。同时，教师也可以加入这些平台，实时纠正学生的语法错误，为他们提供及时的帮助和指导。

2. 做好语法知识的复现与归纳

在高中英语语法教学中，为巩固学生的语法学习成果，做好语法知识的复现与归纳必不可少。在教学过程中，由于大部分的高中教材内容并不是以语法为主要逻辑或线索进行组织的，若想提升语法教学的质量，教师对于语法知识的总结归纳就显得十分重要。在语法教学的环节中，教师应该跳出教材的结构限制，设置专门的语法课时，将语法知识分门别类地进行系统的总结和归纳，帮助学生厘清语法知识的脉络，打破传统的语法教学模式，方便学生记忆。

语法同词汇一样，都属于英语语言体系的基本构成要素，且学生对于语法知识的掌握普遍不牢固，因此，语法知识的复现便显得十分重要。语法知识贯穿英语教学的整个过程，教师在进行语法知识系统教学的过程中，需要结合教学内容，帮助学生不断巩固已经学习过的语法知识，提高重点语法知识的复现率，从而加强学生对于语法知识的掌握。

随着现代信息技术的飞速发展，高中英语语法教学已经从传统的黑板和教材转向了数字化教育平台。这些技术赋能的平台为语法知识的复现与归纳提供了无限可能性。例如，互动式的学习管理系统可以根据学生的学习进度和测验结果自动推送相应的语法练习，以确保学生能够得到持续性、针对性的训练。通过算法，系统能够识别出学生的薄弱环节并进行有针对性的强化，这意味着每个学生都会得到与其学习状况和需求相匹配的语法复习材料，从而确保每个知识点都能得到有效巩固。

现代教学技术也可以更好地模拟真实交流情境，让学生在情境中选择正确的时态进行描述，这种沉浸式的学习体验不仅能深化学生对语法的理解，还能让学生在模拟的真实情境中自然运用语法知识，从而更好地掌握和巩固语法知识。与此同时，智能教学助理可以提供及时的反馈，帮助学生在学习过程中实时识别并纠正错误。总的来说，现代信息技术为高中英语语法教学提供了更广阔的空间，不仅帮助学生系统、高效地掌握语法知识，还使得语法学习过程生动、有趣，极大地提高了学生的学习积极性和成效。

3. 提升学生自主学习能力

与其他类型的教学时间一样，语法教学不仅要注重知识的传递，还要注重学生自主学习能力的提升。培养学生的学习策略是提升学生学习效率，培养自主学习能力的重要方式。英语教学更加注重教师与学生之间的互动。在英语教学实践中，教师除了要把基础的英语知识教授给学生外，还要灵活使用教学方法，鼓励、引导学生形成符合自身发展特点的英语学习方式和学习策略，使得学生产生主动学习知识的动力，并形成一系列自主学习策略。学生的自主学习策略涵盖英语学习的各个领域，而且是符合自身学习特点和发展需求的，因此对于英语语法教学具有重要意义。

第二节　信息技术"赋能"高中英语运用能力教学

一、英语听力教学

英语听力教学是与信息技术融合相对较早，对于信息技术依赖性相对较强的教学模块。英语教学改革的重点是改变过去英语教学过分重视语法和词汇的教学，强调从学生的学习兴趣、生活经验和认知水平出发，倡导体验、实践、参与、合作与交流的学习方式和任务型的教学途径，发展学生的综合语言运用能力。因此，中学英语教师应高度重视学生的英语听力训练和听力的培养。近些年的教学实践表明，学生的英语听力能力还是大大低于其他能力，其中一个比较突出的原因是缺乏英语语言运用环境。随着计算机信息技术的普及，不少教师开始尝试利用信息技术，来提高学生的英语听力水平。

听力教学是高中英语教学的重要组成部分之一，教师要足够重视听力教学，加强学生听力的训练和培养，让学生养成良好的学习习惯，从而促进学生听力水平的提升。在没有信息技术之前的听力教学手段单一，教学效果不显著，随着信息技术的普及，传统教学中存在的问题也被逐一解决，教学质量有了很大的提高。为此，我们要转变教学理念，充分发挥信息技术的优势，将信息技术引入课堂，为课堂教学服务，使高中英语听力教学水平更上一个台阶。

信息技术在英语听力教学中的应用，主要体现在教师根据教学内容和教学活动的安排，利用多媒体将一些语言、文字、图片、视频等信息进行合理的整合，并通过大屏幕、投影仪等设备展示出来，再加上一些适当声音的穿插配合，使使用者和计算机达到人机交互操作，完成一节课的教学过程。我们也可以把这一教学过程称为"计算机辅助教学"。信息技术"赋能"英语听力教学的方法如下。

（一）科学选取教学资料

高中阶段的英语教学知识内容繁复，其深度和广度都明显超越了中小学阶段，因此，教师在提供教学资源时需付出更多的心思。然而，现实中存在一种普遍现象，即许多高中英语教师在进行听力教学时，仅仅依赖教材中的听力部分，而忽略了学生的实际听力基础和他们的认知水平。这样单一、片面的教学方法容易导致教学效果不佳，甚至与教学目标背道而驰。为了真正提高学生的听力，教师在筛选听力材料时应更加细心，兼顾学生的个体差异、兴趣以及教学的整体目标。而在科学日新月异的信息时代，多媒体教学为教师带来了前所未有的便利，如声音、视频、图像等形式各异的内容,不仅能使听力教学变得更生动、更有趣,还能帮助学生更全面、更深入地理解和掌握知识,从而最大限度地提高教学效果。

基于新课改的教学大纲是当代高中英语教学安排的纲领,教材则是教学活动的重要工具,英语听力教学必须有科学的教材作为辅助,只有这样,才能使听力教学符合学生的认知能力发展规律。一本好的英语听力教材应该同时满足大纲教学安排与教学实践需求两个要求,内容逻辑应该是清晰的、系统的、科学的、与时俱进的。听力教学的目的是帮助学生打好语言基础,提升学生的语言交际能力,英语听力教学的选取应该以此为标准。

除此之外,教师还可以选取符合听力教学进度的听力材料来进行辅助教学,当今世界发展日新月异,信息更新速度快,而教材的编写需要科学的步骤与一定的时间,不能完全涵盖前沿信息。因此,教师可以选取具有时代前沿性,符合学生知识考查难度的听力材料,辅助进行英语听力教学,不拘泥于陈旧的听力内容,提升学生的学习兴趣。

举例来说,在教学前,教师可以事先搜集一些下节课需要的教学材料,比如,英文歌曲、电影、电视、广播等,通过这些真实性较强的语言材料可以帮助学生扫除背景知识和语言知识的障碍。例如,在学习新课时,教师首先要确定这节课的教学内容,其次根据教学所需从网络上搜集一些关于体育运动的英语听力视频,并且将其制成PPT课件,引导学生发挥自己的想象力和创造力,将所学的知识汇总起来,建立完整的知识框架,从而为下一步学习奠定坚实的基础。另外,在多媒体信息技术的帮助下,我们可以将视听结合起来,给学生提供更多的听力材料,让学生能够轻松地理解任务指令,从而激发出学生学习的积极性和主动性。

(二)听力教学和信息技术相结合进行高效导入

英语听力一直是很多中学生的薄弱点。在传统模式下进行英语听力教学时，往往只是采用录音机播放这种单一形式。这种较为枯燥的学习形式，令学生难以全身心投入英语学习过程中。在英语听力教学中应用信息技术，就可以使学生在进行听力学习时不仅有声音，还能够和图像、情境相互结合，使教学过程更加生动。学生在观看英语视频时，可以很自然地融入教学场景中，对英语听力学习产生浓厚的兴趣，在潜移默化中提高英语听力。另外，教师还可以通过播放外国电影，让学生在不知不觉中提升听力水平。

为了提高听力教学的质量，教师要做好课前导入，这是教学的"预热"环节，可以让学生做好学习准备，提前进入学习状态。在这一过程中，教师可以选择一些和教学内容有关的听力主题，让学生在学习知识的同时调整心态，为接下来的学习打下坚实的基础。通常而言，多媒体信息技术的应用能够极大地提高导入形式的多样性。第一，教师可以使用问答或者讨论的形式进行教学导入。具体来说，在学习"成长的烦恼"相关单元时，教师在大屏幕上列出了这节课的题目，让学生以小组为单位进行交流讨论，谈谈自己"成长的烦恼"，这样一来，不仅可以让学生预设"成长的烦恼"，还可以激发学生学习的热情和动力。第二，教师可以采用视听结合的导入形式进行课堂导入。比如，在学习世界文化差异相关课文时，由于这节课的内容是介绍世界各地文化差异，因为学生生活经验的欠缺，如果让学生自由讨论并不会取得好的效果，所以，教师可以利用多媒体技术为学生展示关于世界各地风俗文化的英语视频，然后提出相关问题让学生思考，问题要和听力材料之间有着密切的联系，这样才能降低听力训练的难度，提高导入的有效性，为之后的学习奠定基础。

（三）听力教学和信息技术相结合实现自主学习

在听力教学中，学生时常面临紧张和急躁的情绪，这种心态往往导致他们在听到复杂或不熟悉的单词时容易失去信心，从而影响到整体的听觉效果。这种问题并不是学生个体的问题,而是一种普遍存在于广大英语学习者之间的问题。因此,采取听力教学与信息技术相结合的方法,能够给予学生更多的自主学习空间。在自主学习的环境中,学生可以选择适合自己的时间和内容进行反复的听力练习,特别是那些他们认为难以掌握的部分。这种模式下的学习,有助于帮助学生找到他们的薄弱环节,并为他们提供充足的时间进行加强。

与此同时,课外的自主学习也是提高听力的关键所在。信息技术的广泛应用使得大量的英语学习资源,如英文歌曲、电影或短片,成为触手可及的学习工具。鼓励学生在休息时间浸润在这样的英语环境中,既可以培养他们的兴趣,又可以在不知不觉中提高他们的听力水平。实际上,许多听力考试中的对话和材料都与日常生活息息相关,这为学生提供了一个理论与实践相结合的学习机会。而信息技术的灵活性更是为各种水平的学生提供了多种选择,无论是初学者还是高级学习者,都能在此基础上找到适合自己的听力材料进行练习,从而在愉悦的学习氛围中取得进步。

(四)巩固学生的听力知识

巩固学生的听力知识是培养和提升学生听力的基础,听力知识主要包括语音知识、语用知识、策略知识和文化知识等。

语音知识教学是听力知识教学重要的组成部分之一。第一,语音知识教学是对英语词汇读音的规范化过程,通过语音知识教学,学生可以准确识别听力材料中涉及的词汇。第二,语言交际是由句子构成的,语音知识教学中关于英语句子读法的教学,可以帮助学生高效、准确地理解听力材料中的对话内容。

语用知识是指在交际过程中语言的运用方式,主要包括习惯用语、交际用语、话语分析等方面的知识。英语语用知识的学习可以帮助学生更好地了解英语语境下人们的交流习惯与对话方式,更加准确地理解对话内容，减少听力误判。

策略知识针对的是学生听力任务，掌握一定的策略知识，学生就可以根据不同的听力任务选取合适的听力方式。而文化知识教学会增进学生对于不同国家文化习惯的了解，辅助学生更好地理解听力材料的内容。

（五）培养学生的听力技能

为达到良好的听力教学效果，在巩固学生听力知识的同时，还要注重对学生听力技能的培养。学生听力技能的培养主要包括以下几个方面。

（1）辨音能力。许多学生在进行听力训练过程中都会遇到一个问题，那就是对于听力内容或其中的某些句子不能完全理解，但在阅读听力材料时非常顺利。这就是由辨音能力欠缺导致的，辨音能力是基本的听力技能之一，包括对音位、语调、音质等的辨别，通常来说，训练辨音能力可以有效提升学生的听力水平。

（2）大意理解能力。大意理解能力的训练是为了让学生在听力训练时能对听力材料的大意有一个整体把握。想要完成听力训练任务，首先要明白材料内容在讲什么，谈话或者独白的主题是什么，主人公的观点和态度是什么。只有明白了听力材料的大意，才能为听力任务的完成做好铺垫。

（3）交际信息识别能力。交际信息识别能力是指在对话形式的听力材料中，学生能够准确识别话题的轮换、例证的指示语、话题轮换的指示语、话题转折的指示语以及话题终结的指示语等。一般来说，提升学生的交际信息识别能力，可以提高学生完成听力任务的效率和准确度。

（4）细节理解能力。细节理解能力是指学生获取听力内容中具体信息的能力，细节理解能力的训练可以帮助学生提高获取信息的精确度，从而提高做题的准确性。

（5）词义猜测能力。当学生在听力过程中遇到生词、难词，或者因辨音能力不足导致的不理解词义的情况发生时，选择停下思考会影响后

第六章　信息技术"赋能"高中英语实践教学创新的路径及课例

面的听力内容，应该根据前后文内容、谈话者态度、具体语句含义等因素对词义进行合理猜测，保证流畅听完听力材料。

（6）选择注意的能力。培养学生选择注意的能力，可以帮助学生在听力过程中有选择地关注听力材料内容的重点，集中注意力，主次分明，不错过谈话或独白中的关键内容。

（7）推理预测能力。推理预测能力的培养以完成听力任务为出发点，使学生通过训练经验和推理技巧，推断出听力材料中的人物关系、对待问题的态度、价值选择以及行为的发展趋势等，若听力材料中没有直接体现听力任务的语句，或者学生漏听或不理解关键信息语句时，推理预测能力就显得尤为重要。

（8）笔记记录能力。笔记记录能力就是学生边听边记的能力，通过记笔记的方式将谈话或独白的关键信息记录下来，可以帮助学生更加准确地完成听力任务。

（六）提升课堂教学吸引力

传统英语教学方法往往以教师为主导，而学生更多地扮演被动接受者的角色，这种传统单一的教学风格很容易使学生对英语学习产生一定的抵触情绪，破坏学生的英语学习积极性，而信息技术则为英语教学注入了新的活力，为学生创造了多样化的学习体验。通过集成多媒体元素如声音、图像和动画，使教学过程变得更加生动和直观，为学生构建一个富有创意和启发性的学习环境。客观来说，这种以技术为引领的新型教学模式，不仅丰富了听力课堂教学内容，更重要的是，它为学生创造了高效的"沉浸式"学习体验，从而更容易激发他们的学习兴趣。一个吸引人的、多维度的学习环境能够使学生更容易投入，进而更愿意积极地参与学习过程。随着学生学习兴趣的增强，学生的学习动力也会随之上升，从而使整个听力教学过程的效果大幅提升，帮助学生更加深入、系统地掌握所学内容。

二、英语口语教学

基于信息技术的英语口语教学的原则与方法如下。

（一）英语口语教学的原则

1. 互动性原则

英语口语教学不应该是知识的单向传授，也不应该是机械的口语操练，而应该是在互动中实现"教""学""用"三者的有机统一。由于口语教学环境和口语教学课时的限制，学生口语训练的时间明显不足，采取互动教学的方法，比如，对话练习、话题讨论、课堂短剧等，可以高效利用有限的教学课时，使每个学生都充分参与到交流学习中来，给予学生足够的开口时间和机会，在实际运用中提升口语水平。

2. 循序渐进原则

英语口语水平的提升需要一个较长过程，不是一蹴而就的。英语口语的训练需要在教师的指导和组织下，按部就班地开展，由易到难、由浅入深，从机械的模仿，到词汇与句型的替换，再到自由运用。口语的练习首先要敢于张开嘴，教师应该鼓励学生勇敢地使用英语进行交流，大胆地说英语，在实际训练中逐步提升自己的口语水平。

3. 听说结合原则

英语口语教学不仅需要学生勇敢去说，还需要学生沉下心去听，而且在教学实践中，听的练习在时序上要早于说。听可以训练学生接收英语语音信息的能力，学生也可以在听的过程中学习英语对话中的发音技巧和词汇、句型的使用，听与说两者相辅相成，听是说的前提和检验方式，说是听的实践运用。

（二）英语口语教学的方法

1. 创设良好的口语学习环境

学习英语一定要有良好的语言学习环境。众所周知，英语不同于母语学习，学生学习英语绝大部分是在课堂中进行的，由于缺乏真正自然的交际情境，学生一旦进入了真实的语言交际环境中，表现往往不能尽如人意。而学习环境是要靠人为地去创造的，要使学生保持长久学习英语的兴趣，就必须为学生创造一种"金口常开"的学习情境。信息技术可以跨越时空的限制创造情境，有效地提高客观事物的本质和内在联系，以此调动学生的学习兴趣，激发学生的求知欲望。

在英语口语教学中，为了帮助学生更加积极主动地进行口语练习，教师可以创设具体的对话情境，模拟实际交流场景，让学生参与进来，在教师的指导下灵活发挥，采取多种形式，为学生创造开口的机会，使学生充分运用所学知识进行情境交流。情境教学可以使抽象的语言教学变得形象和具体，既能激发学生英语口语学习的兴趣，又能提升学生的英语运用能力。当然，教师在情境创设的过程中不能偏离教学目标，要保证学生基础知识的掌握。

在高中英语口语教学中，信息技术还为教师提供了大量的资源和工具，以更高效地组织和进行情境教学。比如，教师可以利用智能手机和平板电脑上的应用程序来创建或下载与课程内容相匹配的情境对话。学生可以随时随地进行练习，与虚拟角色进行互动，甚至可以通过录制自己的声音，与同伴或教师进行反馈和评估。这些资源和工具的应用，让学生能够更加自主、高效地进行英语口语的学习。

2. 互动教学法

互动教学法强调的是教师与学生之间的互动，"教"与"学"之间的互动。具体来说，就是强调学生的主体性、教师的主导性和引导作用、课堂组织的多样性以及教学的高效性。英语口语教学应保证口语教学材料的丰富，丰富的语言材料可以帮助学生积累口语素材，为口语表达打好基础。在课堂上，教师应该明确学生的主体地位，充分发挥引导作用，鼓励学生积极思考，包括对具体情境中对话的句型、词汇、替换词汇的思考等。教师还可以引导学生展开联想，自主拓展知识，用曾经学过的知识替换或解释新学的知识，这样做，不仅可以加深学生对于新知识的理解，还可以帮助学生巩固原有知识。

互动教学法的精髓在于它追求的是一个真实、多方向的沟通环境，不仅局限于学生与教师之间的交流，还包括学生与学生之间的交流。当今的信息技术，特别是智能设备和在线互动平台，已经为这种教学方法的实施提供了巨大助力。例如，有了云端同步的教学资源，教师和学生可以在任何地点、任何时间实时互动，进行口语练习。数字化工具如在线讨论区、社交媒体平台以及虚拟班级等，都可以让学生在安全的环境中练习口语，同时获得来自同伴和教师的及时反馈。教师可以利用这些平台发布与课堂教学内容相关的话题，让学生在线上发表意见、提问或进行辩论。此外，教师还可以使用语音识别软件和智能手机应用，帮助学生在日常生活中进行自我评估和修正，从而确保他们的发音准确无误。

3. 文化导入法

在英语口语教学中，教师要时刻注意文化教学的重要性。语言是文化的重要组成部分之一，也是承载文化信息的一种工具，由于文明发展历程、生活习惯、思维方式、精神信仰等方面的不同，不同文化背景的人针对同一对话情境会有不同的认识体验和表达方式。针对文化的差异，英语口语教学应该重视文化的导入，通过教材、资料、多媒体、文化对比等方式，教授文化的相关知识，让学生亲身感受文化的异同，培养和提升学生的跨文化交际能力。

三、英语阅读教学

信息技术促进英语阅读教学的方法如下。

第六章 信息技术"赋能"高中英语实践教学创新的路径及课例

（一）利用信息技术，创设生动的教学情境

高中英语教师在进行阅读课程教学时，要充分注意融合和渗透信息技术，这样就能够使英语教学效果事半功倍。融合信息技术和英语阅读教学可以为教师与学生提供更多的机会和资源，同时为学生创造更加多样化和有趣的学习体验。然而，仅仅将信息技术添加到教学过程中并不足以确保英语阅读教学的成功。教师必须认识到，简单地将技术嵌入教学中并不意味着达到了最佳教学效果。只有将信息技术与教学内容、目标和方法紧密结合在一起，才能真正满足学生的具体需求。

当然，在教学实践中，教师不能仅仅依赖于自己的教学经验和方法来整合信息技术。他们需要研究并探索网络上的各种教学资源和方法，选择最适合该班级的方法。这不仅需要教师具备一定的技术知识和技能，还需要他们具备选择、评估和调整网络教学资源的能力。通过观察和学习其他优秀教师的网络教学视频，教师可以吸取他们成功的教学策略，并将其运用到自己的教学中。此外，利用情境教学可以更加生动地呈现教学内容，使学生更容易接受和理解。当学生在有趣和真实的情境中学习时，他们的学习兴趣和动力往往会得到提高，从而增强学习效果。这要求教师不仅仅是知识的传授者，更是学习的设计师和指导者，确保每个学生都能从课程中获得最大的收益。[1]

（二）运用信息技术提升阅读教学的广度和深度

英语阅读不再局限于课本内容，而是需要在更广泛的领域中培养学生的阅读兴趣和能力，从而加深他们对语言和文化的了解。因此，对于英语教师来说，结合信息技术进行英语阅读教学不仅是一种选择，还是一种必然。

在高中英语阅读教学中，英语教师除了要让学生掌握最基础和最关

---

[1] 杨进霞.信息技术在初中英语阅读课堂教学中的应用[J].当代家庭教育，2022（8）：154-156.

键的英语阅读知识外，还要注重培养和提升学生在英语阅读方面的素养。英语教师要从根本上提升英语阅读课堂的教学质量，就要从多个方面丰富自身教学的方法，积极创新，将英语阅读课堂教学同信息技术紧密联系起来。比如，英语教材中阅读的知识关键点相对来说比较有限，因此，英语教师如果想要最大限度地提升英语阅读课堂的有效性，就不应当局限于英语课本的阅读教学，而要充分发挥自身的教学作用，多带领学生认识除了教材以外的英语阅读知识，进一步拓宽学生的英语阅读视野，这对学生未来英语写作有着一定程度的促进作用。

要想真正实现信息技术与英语阅读教学的融合，英语教师必须持续地进行自我更新和学习。利用技术手段，教师可以为学生带来更为多样化和真实的阅读材料，如新闻、短篇小说、影评等，这些内容更能贴近学生的实际生活，使英语学习更加有趣和生动。与此同时，通过信息技术，教师还能为学生提供各种互动式的阅读体验，如在线测试、互动式阅读应用等，帮助他们更好地理解和应用所学知识。这不仅可以拓宽学生的知识视野，还可以培养他们的自主学习能力。在此过程中，教师的角色逐渐从传统的"知识传授者"转变为"学习的设计师和指导者"。教师不仅要设计合适的阅读教学活动，还要根据学生的需求和兴趣进行调整与优化。这种教学方式更注重学生的个体差异和自主学习，也更符合现代教育的发展趋势。

（三）借助微课整合知识点，帮助学生构建知识框架

微课的容量小、用时短，以碎片化的形式呈现知识点，符合当前高中生英语学习的规律，简约又不简单的呈现方式，这种以短时、碎片化为特点的教学形式，与当前学生对于知识消化和理解的习惯相适应。在知识的海洋中，学生很容易感到迷茫和无措，尤其是当他们面对那些复杂和难以理解的部分时。此时，微课的介入，仿佛一盏明灯，指引着他们前进的方向，帮助他们快速抓住知识的核心，并以模块化、系统化的方式构建知识框架。对于英语教师来说，微课的制作和应用，不仅是一种教学创新，还是一种对传统教学方式的补充和完善。他们不再被单一的教材和教法所束缚，可以根据学生的实际需求，以更加直观、更富创意的方式，为学生量身定制教学内容。

当然，仅仅制作微课并不意味着教学的成功，关键在于如何将微课与课堂教学有机结合，实现微课与传统教学方式的互补。英语教师需要深入挖掘教学资源，利用信息化教学手段，不断优化和完善微课的内容与形式，确保其能够真正帮助学生理解和掌握知识点。同时，英语教师也需要关注学生对微课的接受程度和反馈情况，根据学生的课堂表现，及时调整微课的设计，使其更加贴合学生的认知规律。除了上述内容外，借助微课，教师还可以激发学生的学习兴趣，鼓励他们进行自主学习，培养他们独立思考和问题解决的能力。总之，微课不仅能为高中英语教学提供一种新的工具和平台，还能为英语教师和学生打开一扇全新的教育之窗，为他们共同创造一个更加生动、更加高效的学习环境。

四、英语写作教学

信息技术赋能高中英语写作教学的路径如下。

（一）利用多媒体进行英语写作教学

对于大多数高中学校来说，学校内部已经为学生配备了多媒体教学设备，并且许多教师也会有使用多媒体教学的习惯。因此，利用多媒体进行英语写作教学已经成为一种趋势。

利用信息技术进行教学，特别是在英语写作方面，可以更好地吸引学生的注意力，为其提供一个更生动的学习环境。比如，教师展示以往学生所写的文章，作为课堂讨论的内容，可以帮助学生更直观地了解易错点，从而在自己的写作中避免犯同样的错误。这样的方式不仅增加了学生的参与感，还能够帮助他们更深入地理解写作中的关键概念和技巧。

而对于处于学习压力中的高中生来说，动态的多媒体内容不仅为他们创造了一个新鲜的学习体验，还能够在某种程度上缓解他们的学习压力，提高他们的学习兴趣。

对于教师而言，多媒体教学方式也是一个有效的教学工具。教师可以用它来节省准备课程的时间，提高课堂教学的效率。举例来说，通过展示幻灯片或视频，教师无须在黑板上写下大量的内容，这不仅为学生提供了更直观的学习材料，还释放了宝贵的课堂教学时间，使得教师可以与学生进行更多的互动和讨论。从长远来看，这种教学方式能更好地培养学生的独立思考和创新能力，为他们将来的学术和职业生涯发展奠定坚实的基础。

（二）利用软件教学提升写作水平

在高中英语教学中，软件的应用已经变得越来越普遍，为学生与教师提供了更灵活和多样化的学习方式。对于英语写作这一技能训练而言，特定的学习软件为学生提供了一个独特平台，使他们能够在课堂之外也能够持续提升自己的写作能力。这些应用不仅为学生提供了写作练习的平台，还有专门的功能为学生作品进行批改和分析，从而让学生更直观地了解自己写作中存在的问题和不足。教师可以凭借丰富的经验和敏锐的洞察力，为学生推荐合适的软件，从而进一步丰富他们的学习体验。由此可见，这种方式能够确保学生即使在课堂之外，也能持续、系统地提升自己的英语写作水平，使他们在写作中游刃有余，进而增强自信心。

（三）利用多媒体信息技术，传递英语使用国文化

作为一种语言工具，英语背后还蕴含着深层次的文化内涵，对于学生英语写作而言，应当让学生感知英语背后的文化，了解汉语与英语之间的跨文化差异，促进学生形成英语学习的大格局。与此同时，教师还可为学生播放较为经典的英文歌曲，激发他们学习的兴趣，在活跃课堂教学气氛的同时，又能提高学生的语言感知力，丰富学生的情感表达方

式，在一定程度上保证了其英语文章写作的质量。

第三节 信息技术"赋能"高中英语人文素养培育

一、人文素养的含义

西方的"人文"一词源于拉丁文 humanitas，意思是人性、教养。而"人文主义"这个词直至 1808 年才出现。人文主义是文艺复兴时期的核心思想，是新兴资产阶级反封建的社会思潮和其人道主义的最初形式。它肯定人性和人的价值，要求人的个性解放和自由平等，推崇人的感性经验和理性思维。

"素养"一词在《辞海》里的解释为："由训练和实践而获得的技巧或能力。""素养"与"素质""精神"不同，它更强调能力，即"素质"和"精神"的外显、行为。但这种能力必须经训练和实践才能获得。简单地说，"素养"是指人通过长期的学习和实践（修习培养）在某一方面所达到的高度。

人文素养也被称作"人文素质"，是公民在参与社会生活过程中体现出来的有形和无形的修为与品质，具体体现为一个人的思想品位、道德水准、心理素质、思维方式、人际交往以及情感、人生观、价值观等个性品格。人文素养的核心内涵是人文知识、人文精神和人际交往能力。三者中，人文知识是人文素养形成的基础，人文素养的提升离不开人文知识的积累。人文精神是人文素养的核心，人文精神的提升有赖于人文知识的内化和整合。以上两个方面属于人的心理状态，它只有通过个体的人际交往才能发挥作用并表现出来。所以，人际交往能力是人文素养的最终表现形态。

二、在英语教学中提升学生人文素养的重要性

（一）符合国家对于英语人才培养的要求

新时代对于英语人才的培养提出了更高要求，英语人才不仅需要具备扎实的语言知识基础和熟练的语言交际能力，还需要具有丰富的人文知识与良好的品德修养，不仅要对西方文化有充分的了解，还要坚定文化自信，了解中国文化的博大精深。在掌握语言知识与语言使用技能的同时，培养出高尚的情操与正确的价值观。

英语教学必须符合时代所需，若想使学生在掌握语言知识的同时，能够具备全面完善知识与道德体系，实现培养高素质英语人才的目标，就必须在英语教学过程中重视学生人文素养的培养和提升。在英语教学过程中，穿插文化知识的讲解，加深学生对于语言知识的理解，帮助学生实现语言知识的内化，完善学生的知识体系，进而提升学生的语言运用能力，树立正确的价值观与道德结构。与此同时，在英语教学中渗透人文知识，还能提高学生英语学习的兴趣，有利于学生英语学习效率的提升和英语视野的拓展。通过提升学生的人文素养，可以帮助学生树立远大理想，为社会发展而努力学习、提升自我。

（二）有利于提高学生学习的积极性和主动性

随着我国经济的发展和改革开放步伐的加快，社会对英语人才的需求日益多样化。英语专业学生要想在竞争中立于不败之地，就必须学习好英语专业知识。但是，在传统的英语教学过程中，教学方法较为枯燥、单一，学生的积极性很难得到有效发挥。通过在教学中融入人文素质教育，把教学内容涉及的人文因素提取出来，让学生在学习中感受，这样不仅丰富了教学的内容，也提高了英语教学的张力、想象力和情感的表达能力。

(三)有利于培养学生的全球化视野

高中阶段是学生形成核心价值观和世界观的关键时期。在这一阶段，通过英语教学培育学生的人文素养不仅能向学生传授语言知识，还能使他们在全球化背景下建立起正确的交际观念和文化态度。随着全球化的发展，国与国之间的互动和合作愈加频繁，而跨文化沟通能力则成为每个公民都应具备的基本技能。培育学生的人文素养，意味着使他们能够更加敏锐地捕捉到来自不同文化背景的信息，更加客观地看待各种文化差异，以及更加有效地与来自不同文化背景的人沟通和合作。这能让他们在面对全球性问题和挑战时，具有更广阔的视野和更高的文化修养。因此，高中英语教学不应只停留在传授语言技能的层面，还应深入挖掘语言背后的文化内涵，引导学生走进不同的文化，理解和欣赏其独特性，从而为他们在全球舞台上的未来发展奠定坚实的基础。

(四)有利于提高学生的跨文化交际能力

在高中英语教学中，培育学生的人文素养远远超越了传统的词汇和语法教学，在全球化日益加速的今天，跨文化交际能力的重要性不言而喻。这种能力并不局限于语言的表达，更深入于文化背景、价值观和社交习惯的理解与应用。当学生在英语学习中深入探讨文化背景和语境时，他们实际上正在学习如何在复杂的跨文化场景中进行有效沟通。通过英语学习理解和掌握这些背后的文化内涵，学生可以更加自如地与不同文化背景的人交往，避免由于文化差异而产生的误解和冲突。除此之外，这种深入的文化教学还可以培养学生的文化敏感性和尊重多样性的态度，使他们成为更有同理心和国际视野的公民。因此，高中英语教学应强调文化内涵的教育，使之不仅是语言技能的传授，而且是一种综合的人文教育，为学生未来在全球化背景下的人际交往打下坚实的基础。

三、信息技术"赋能"高中英语人文素养培育的路径

（一）拓展教学内容，帮助学生了解英语国家人文知识

要在英语教学中培养学生的人文素养，必须夯实人文知识基础。根据学理划分，英语也属于人文科学的范畴。一方面，要强化教师的人文知识基础。作为英语教师，在具有良好专业水平的同时，一定要加强对人文知识的学习。在备课过程中，要把人文内容融入课堂教学内容中，真正让学生在学习专业知识的同时获取人文知识，加强对学生人文素养的培养。另一方面，要提高学生的人文知识基础。对于英语专业的学生来说，一定要对英语课程设计的文化、文学、背景有深入的了解，在学习英语专业课程时，要尽可能去思考课程内容能够关联到的人文知识，真正把专业课学习和人文知识学习结合起来。

英语作为世界通用语言，在全球范围内拥有广泛的使用者，其背后的文化历史也是非常丰富的。信息技术为高中英语教学注入了新的活力，特别是在培育学生的人文素养方面。英语不仅仅是一个工具或学术学科，更是一个充满丰富文化历史的生动世界。为了让学生更好地理解英语国家的文化和历史，教师可以借助数字化的资源库，其中包括来自英语国家的图书、图片、视频等素材。这些素材能够为学生呈现一个立体、生动的英语文化世界，帮助他们深入了解各种文化细节和背景。除此之外，利用信息技术，教师还可以与英语国家的学校进行在线互动，为学生创造与外国同龄人交流的机会，使他们在实际语境中锻炼跨文化交际的能力。在这一过程中，教师还可以组织在线文化探索活动，鼓励学生利用网络资源独立研究和发掘英语国家的文化知识。通过这些方式，信息技术不仅能帮助学生学到语言技能，还能使他们真正领略到英语文化的魅力和深度，为他们今后的跨文化交往打下坚实的基础。

（二）优化教学模式与方法

英语是一门语言，它作为沟通交流的符号，是人们重要的思想交流媒介和交际工具。尤其是在非母语环境下，必须转变传统的教学模式和方法。第一，要以学生为中心，实现以学生为主导的课堂教学模式。在教学过程中，教师把课堂交给学生，让学生去发现课程内容中体现的人文内容，从而能够提高学生对人文素养培育的主动性。第二，引入先进的教学方法。比如，可以借助先进教学技术，采用翻转课堂的教学方式，通过设置学生主导的教学内容，让学生走上讲台，介绍课程中的人文知识、文史哲思想以及时事内容，从中挖掘人文知识和内容，进而提高自身的人文素养。

（三）充分利用教材，挖掘人文元素

在教学中提高学生的人文素养，必须从教材出发，深入挖掘教材中体现出的人文元素，真正把专业知识教学和人文教学结合起来，让学生能够感受和体验到课堂教学内容中的人文情怀。具体地讲，在涉及民风民俗的内容学习中，教师不仅要对文章的内容、语法、重点进行讲解，还要引入中西方文化的对比，让学生对中西方的文化差异有所了解。通过这种对比讲解，引导学生对这两种文化择其优、避其恶，从而培养学生良好的人文素养。

第四节 信息技术"赋能"高中英语实践教学创新的课例

以高中英语教学中课堂信息化教学与微课相结合的教学模式为例，在高中英语教学中，课堂教学始终是核心环节，因为英语教学作为二语习得的过程是有很大难度的，许多诸如语法的知识只有通过教师讲解才能使学生真正理解，因此，课堂教学构建了教师与学生之间的互动平台，为知识的传递和交流提供了必要条件。然而，随着时代的发展，简单传统的课堂教学方式已经不能满足当代学生的学习需求。信息技术的引入为英语教学带来了新的机遇，它不仅拓宽了知识的来源渠道，还为学生提供了丰富的实践和互动机会。通过信息技术，教师可以利用多媒体、网络资源等工具为学生创设生动、真实的学习情境，使知识更加生动形象，易于理解。除此之外，信息技术还能帮助教师进行个性化教学，针对每个学生的学习特点，提供定制化的学习资源和策略。而对于学生而言，信息技术不仅提供了灵活的学习方式，还培养了他们的自主学习和探究能力。因此，尽管课堂教学依然是高中英语教学的核心，但与信息技术的深度结合已成为提高教学质量的关键。

微课是随着信息化时代到来后，逐渐受到广泛应用的教学辅助视频。微课作为现代信息化教学的产物之一，与英语学科的教学特征非常契合，能够为学生提供一种全新的学习方式。微课精简、集中的特点与英语学科追求效率、突出重点的特性相吻合。微课虽然时间短暂，但是有力地突破了传统教学中的时间与空间束缚，使得学生可以随时随地进行学习，针对个人遗留的疑难点进行复习和巩固。融合动画和声音的微课为学生构建了生动有趣的英语学习情境，让他们能够在轻松的环境中，更深刻地领悟和吸收知识。这种形式既满足了学生快节奏生活的需要，也增强了英语学习的吸引力，使得英语知识更深入人心，从而确保教学效果得到最大化。

课堂教学与微课的结合就是利用信息技术拓展英语教育空间、时间和资源的典型案例。

例如，在人教版高中英语必修第二册的第四单元历史与传统（UNIT 4 HISTORY AND TRADITIONS）这一章节的教学中，教师需要充分运用信息技术展开教学，课程的准备与实施主要有以下环节。

在教学准备阶段，教师需要对单元内容有一个全面、准确的把握。

本单元的主题：历史、文化与传统。

第六章 信息技术"赋能"高中英语实践教学创新的路径及课例

本单元的内容：以历史与传统为话题，围绕中国与欧洲等国家的悠久历史和文化传统展开。内容涉及历史遗迹和国家历史概况，通过景物描写表达的深层含义和作者情感，以及通过分享观光旅游的经历，引领青少年了解世界优秀的历史文化传统，积极思考历史文化传统的重要性及现实意义。旨在让青少年能够结合自己的生活和学习需要及相关历史文化知识等，观察和分析语言与文化现象，了解相关国家悠久历史和特色传统的文化内涵与现实意义，思考历史与现实的辩证关系。

本单元涉及的学科核心素养如下。

第一，语言能力。语言能力特指正确使用本单元重点话题词汇的能力。具体来说，就是复习并掌握过去分词作定语和宾语补足语的功能用法。能够在日常交际中自然得体地表达兴奋、惊讶、失望等情感。了解说明性文章的语言特点和组织结构，能运用不同感官的描写方法进行写作。

第二，学习能力。学习能力主要包括积累英语习语在听力过程中能够推测英语习语的含义；能够从地图中获取相关的地理文化信息，提高读图能力。

第三，文化意识。文化意识主要涉及了解中外国家的悠久历史和文化传统，积极思考历史文化和传统的重要性与现实意义，培养正确的历史观。

第四，思维品质。在理解听力、阅读文本的基础上，能够结合自己的生活和学习需要及相关历史文化知识等，观察和分析语言与文化现象，了解相关国家历史发展脉络和人文底蕴；对历史和现实的辩证关系有自己的见解与看法。

本单元的教学重点包括以下几个方面。

第一，能够通过听力理解文本阅读，了解国内外的悠久历史和传统特色。

第二，能够通过观察、分析、归纳，掌握过去分词作定语的特征及其功能，学会在口语交际中自然得体地表达兴奋、惊讶、失望等情感。

　　第三，能够通过阅读范文，感知并学习文章。从视觉、听觉、触觉、嗅觉的角度，描写景物的基本写作方法；写一篇自己喜欢并熟悉的地点的文章。

　　第四，能够通过学习关于文化传统的词汇和句式语言，用文字描述自己喜欢的景点景物。

　　在教学实施阶段，教师需要明确教学的重点与难点，在课堂教学过程中，围绕教学目标灵活选用教学方式。

　　在语言能力教学方面，教师为了让学生正确使用本单元的重点话题词汇，教师可以利用多媒体课件展示与这些词汇相关的真实场景视频，通过生动的图像和声音帮助学生形成更加深刻的印象并加强记忆。为了教授过去分词的功能用法，教师可以通过相应软件，以游戏、测试、竞赛等方式进行教学。对于情感的表达，教师可以播放不同的小短片，引导学生观察人物的表情和动作，并结合所学词汇进行描述，以此培养学生的情感表达能力。对于说明性文章的写作，教师可以通过在线展示范文的方式，以互动式的标注工具高亮文章的关键结构和描写方法，帮助学生明确写作的思路和技巧。综上所述，通过信息技术的综合运用，不仅可以使高中英语课堂教学更生动有趣，还可以更加有效地帮助学生达到提高语言能力的教学目标。

　　在学习能力教学方面，为了帮助学生在听力过程中推测英语习语的含义，教师可以使用包含真实对话和场景的音频或视频材料，通过这样的方式为学生提供更丰富的语境信息，使他们能够结合上下文，推断出习语的大致意思。除此之外，教师可以设计互动式的练习题，让学生在听完音频或视频后及时响应，以验证他们的推测是否正确。本单元内容与地理、历史等联系较为紧密，教师可以展示数字化的地图，通过动态演示的方式，如缩放、标注和高亮，向学生展示地理和文化信息。在此期间，教师可以设置互动问题，让学生在地图上寻找答案。通过这种方式，学生可以更直观地理解地理文化信息，从而锻炼和提高他们的读图能力。综合利用这些信息技术手段，教师不仅能使教学变得更加生动和有吸引力，还能更加精准地实现教学目标。

在文化意识培育方面，教师可以运用信息技术提供丰富的文化背景资源，使学生能够更加直观、深入地了解中外国家的历史文化传统，通过数字图书馆和在线博物馆搜集相关教育资源，或者通过快速链接在教学过程中展示相关文化资源，使学生可以在课堂上接触到大量的历史文献、古典艺术品和民间传说，这有助于他们建立全面的文化认知。通过信息技术，教师还可以为学生展示某个历史时期或文化场景，使其能够真实地体验到那个时代的文化氛围。与此同时，教师通过组织在线研讨会和虚拟论坛，鼓励学生分享对历史文化传统的看法，思考其现实意义以及在现代社会中继承和发扬的途径与方法。这种讨论与交流不仅加深了学生对文化的理解，还能促进他们培养正确的历史观，从而更好地认识、尊重并欣赏多元文化的价值。

在思维品质培养方面，教师可以使用数字化的多媒体资源，如历史纪录片、文化探索视频和3D模拟技术，让学生沉浸于真实的文化历史场景中，直观地感受相关国家的悠久历史和特色文化。在此期间，教师可以通过设计在线互动讨论区，鼓励学生结合所学，分享他们对于历史与现实的辩证关系的见解和看法。除此之外，通过智能教育平台的数据分析功能，教师还可以及时了解到学生在探索和思考过程中的难点与困惑，并提供相应的辅助材料和指导，帮助他们建立深刻的历史文化理解。利用这些信息技术手段，教师能够更加系统和生动地指导学生挖掘文化历史的深度，培养其独立、批判性的思维品质。

当然，高中英语信息化教学的教学场所不仅限于课堂之上，课堂教学的时间毕竟是有限的，这其实在一定程度上对于学生自主学习会产生一定的影响，高中英语教学以信息化为依托，可以做到线上线下教学相结合。

以该单元的语法教学为例。教师在课程中需要为学生讲解过去分词作定语的意义、位置以及常见的过去分词作宾语补足语的情况，涉及的语法知识点都比较难以理解，经过教师在课上的详细讲解之后，教师可以在课下为学生准备相对应的知识点讲解视频，为学生开设线下学习的平台，在微课中将知识点细化，举出详细的例子帮助学生理解。比如，常见的过去分词作宾语补足语有五种情况。其中，第一种情况是通常在表状态的动词如 keep、leave 等之后，要用过去分词作宾语补足语。教师可以利用微课举出相对应的几个例子，加深学生的理解。其余四种情况分别放在另外四个视频中进行讲解，这样将一个总的知识点分开细化，避免知识点的混淆，从而让学生真正理解语法的正确使用情况。

第七章 信息技术"赋能"下学生的发展

第一节 英语教学中学生思维能力的发展

一、创新思维

(一) 创新思维的内涵

创新思维是一个相对的概念,是相对于常规思维而言的一种思维方式。创新思维是指发现、发明前人和同时代人不曾创立的理论、知识、技术、方法、实物、模型等的思维活动与思维结果。创新思维是综合运用多种思维方式于思维过程中的一种思维活动。这些思维方式包括直觉、灵感、类比、想象、联想、形象思维、逻辑思维和模糊思维等。而且,许多非理性因素和心理过程也会参与到创新思维的活动中。

创新思维即创造性思维,是与常规性思维相对而言的,创新思维的内涵也是在与常规性思维的比较中得到的。常规性思维是指利用已有的知识与经验去思考和解决问题,创新思维则不同,其不被已有的知识与经验所约束,人们可以根据客观实践条件,灵活运用自己掌握的知识,创造性地思考和解决问题。

创新思维与常规性思维的区别主要表现在两个方面。一是从思维过程来看,常规性思维重视普遍对已有的经验、规律或方法加以遵循,而创新思维则普遍不是按照既有的经验与规律展开的。二是从思维结果来看，常规性思维的成果一般是已经存在的理论或实践成果，只有思维成果是前所未有的，才是创新思维。英语教学不仅需要教师采用科学的方法去教授知识，还需要学生通过思维去理解知识。英语教学作为第二语言习得的过程，绝不是语言知识的简单积累，而是在教师的教学引导下，培养与提升学生的英语学习能力和英语思维能力的过程。学生创新思维能力的培养对于语言的学习十分重要，创新思维可以有效激发学生的主体意识，培养学生的自主学习能力，帮助学生更好地理解和运用知识。

（二）创新思维的特征

创新思维具有鲜明的特征，这是由其本质和内涵决定的，创新思维主要有以下几点特征，具体内容如图7-1所示。

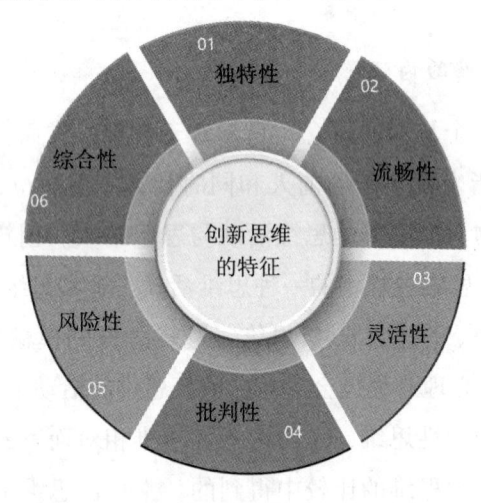

图7-1 创新思维的特征

1. 独特性

思维的独特性，又称思维的"独创性""新颖性"或"求异性"，是指在思路的探索上、思维的方式方法上和思维的结论上，独具卓识，能提出新的创见，做出新的发现，实现新的突破，具有开拓性和独特性。

创新思维所要解决的问题，一般是没有现成的答案，不能用常规、传统的思维方法加以解决。它要求创新主体以独立思考、大胆怀疑、不盲从、不迷信权威为前提，能超出固定的、习惯的认知方式，以前所未有的新角度、新观点去认识事物，提出不为一般人所有的、超乎寻常的新观念。

2. 流畅性

所谓流畅性，又称"非单一性"或"综合性"，是思维对外界刺激做出的一种反应，通常用思维的量来衡量。要求思维活动畅通无阻、灵敏迅速，能在短时间内表达较多的概念。一般来说，表达的概念越多，说明思维的流畅性越好。

3. 灵活性

所谓灵活性，又称"变通性"，是指思路开阔，不局限于某种固定的思维模式、程序和方法，善于根据时间、地点、条件等变化，迅速从一种思路跳到另一种思路，从一种境界进入另一种境界，从多角度、多方位地探索问题、解决问题。它是一种开创性的、灵活多变的思维活动，并伴随有"想象""直觉""灵感"等非规范性的思维活动，能做到因人、因时、因事而异。常规性思维一般是按照一定的固有思路方法进行的思维活动，他们的思维缺乏灵活性。

4. 批判性

批判性是指敢于用科学的怀疑精神，对待自己和他人的原有知识，包括权威的论断。思维的批判性体现在敢于冲破习惯思维的束缚，敢于打破常规，敢于另辟蹊径、独立思考。运用丰富的知识和经验，充分展开想象的翅膀，这样才能迸射出创造的火花，发现前所未有的宝藏。法国作家莫泊桑说："应时时刻刻躲避那走熟了的路，去另找一条新的路。"

5. 风险性

创新思维的核心是创新突破，而不是过去的重复再现。它往往没有成功的经验可借鉴，没有有效的方法可套用。因此，创新思维的结果不能保证每次都成功，有时可能毫无成效，有时甚至还可能得出错误的结论。这就是它所谓的风险性。

6. 综合性

综合性并不是简单地拼凑与堆积，而是将众多优点集中起来进行的协调、兼容和创造。

创新思维的综合性和概括性是指善于选取前人智慧宝库中的精华，通过巧妙结合，形成新的成果，能把大量的概念、事实和观察材料综合在一起，加以抽象总结，形成科学的结论和体系，以及能对占有的材料进行深入分析，把握其中的个性特点，然后从这些特点中概括出事物的规律。

（三）英语教学中创新思维的类型

英语教学中创新思维的类型有很多种，其中具有代表性的有以下几种。

1. 发散思维与集中思维

发散思维与集中思维是对立统一的，两者在思维逻辑上相反，在整个创新思维的过程中则相辅相成。发散思维指的是个体在思考问题时，思路呈扩散状，思维视野广阔，思维路径多样化，能够多角度、多方位、多层次地对问题展开分析，这种思维方式有利于观念的自由发挥，具有流畅性、变通性、灵活性与独特性。

从发散思维的特点出发，能够更好地理解其内涵。第一，发散思维具有流畅性，集中体现在发散思维可以帮助人们在短时间内表达出尽可能多的思维观念，更好地接受和适应新概念。第二，发散思维具有变通性的特点，人们可以通过类比、转化的方式触类旁通，使思维沿着不同的方向扩散和发展，克服人们头脑中僵化的观念，使思维呈现出丰富性与多样性。第三，发散思维具有灵活性，没有既定的模式和条条框框的限制，因此无论是思维过程还是思维结果，都表现出较强的灵活性。第四，发散思维具有独特性，由于个体之间存在差异，个体的发散思维同样会展现出鲜明的独特性，人们通过发散思维可以探寻到异于他人的思路。

集中思维又称为"求同思维"或"聚敛思维"，与发散思维正好相反，它是一种将思路回收、集中的思维方式。集中思维的特点是在众多线索之中探寻结论，在纷繁复杂的材料之中寻求答案，将发散思维拓展出去的思路再收拢回来，形成一个核心的思路，由此可以看出，集中思维是一个求同的过程。

在英语课堂上，发散思维的培养体现在教师可以让学生针对某一具体的观点进行讨论或者辩论，还可以针对教学中的具体知识让学生进行发散性思考。以短语教学为例，当学习了一个固定短语搭配时，教师可以让学生举一反三，寻找其替代短语，学生会在教师的引导下充分调动自己掌握的英语知识，自主进行学习，在这一过程中，教师也可以让学生发现短语搭配的共同点来总结固定搭配规律。

集中思维的训练在英语课堂上也很常见，例如，教师在教授构词法时，可以让学生在构词法相近的一类词中自主探寻其共同点，发现构词的规律，这样有利于学生对于单词的记忆。

2. 逆向思维

逆向思维，也称"求异思维"或"反向思维"，是指从反面或者对立面提出问题和思考问题的一种思维方式，这种思维方式能够"反其道而行之"，以背离常规的方法来解决问题，为人们提供解决问题的新思路。

由于逆向思维与人们的思维习惯相反，逆向思维的思维过程本身就是一个求新、求异的过程，具有创新的特征。从创新的内涵出发考察逆向思维，创新本身就是一种创造性的活动，是高于人们普遍认知和思维习惯，但又符合实践发展规律和事物发展方向的一种创造行为，创新的过程是对原有思维模式的一种突破，这与逆向思维求新、求异的特性十分契合，许多创新的思路都是通过逆向思维产生的，因此，逆向思维是创新思维的重要组成部分。逆向思维的价值还体现在其拥有牢固的哲学理论基础，即对立统一规律。任何事物都是对立统一的，而对立统一的形式又是多种多样的，每种形式的对立统一都伴随着两种对立的存在或者思维，因此，逆向思维具有普遍性，广泛适用于我们的各种活动之中。

在英语教学实践中，对于学生逆向思维的培养同样是学生思维能力发展的重要组成部分。逆向思维的培育要求教师与学生在英语教学过程中，要敢于打破固有的思维方式。比如，英语教师在教学中，不一定非要按照教材的顺序进行教学，教材知识对于教师的教学起到辅助作用，教师才是课堂教学的主导。教师可以根据英语大纲与教材的知识点分布，在学生能够接受的情况下，自主制定有利于教学开展的课程安排。又如，教师可以改变传统的英语知识教学顺序，先带领学生了解英语课文的文化背景与内容，在阅读文章的同时，穿插介绍重点语法与词汇，尽量使词汇与语法教学少一些枯燥，从而提升英语教学的效率。

3. 形象思维

人的思维能力概括起来主要有两种，分别是逻辑思维能力和形象思维能力，逻辑思维能力较为抽象，而形象思维能力较为开放。相比于逻辑思维能力，形象思维能力侧重于直觉、灵感与创造，是思维原创性的主要源泉。

关于对形象思维概念的界定，俄国著名文学批评家维萨里昂·格里戈里耶维奇·别林斯基采用了"寓于形象的思维"和"用形象来思考"的提法，这也是较早关于形象思维的观点。[1]形象思维是在形象地反映客观事物形态的感性认识基础上，通过联想和想象来揭示对象的本质及其客观规律的思维形式。

形象思维的思维内容是具体的形象，这种思维是人与生俱来的一种

---

[1] 刘细发. 创造性思维概论 [M]. 南昌：江西高校出版社，2019：92.

本能思维，其思维的支柱是直观的形象与表象。形象思维在思考和解决问题时，注重对于事物表象的判断与取舍。形象思维是相对于抽象思维而言的，抽象思维属于理性认识阶段，凭借抽象的概念反映事物的本质，随着人们的成长和接受教育程度的提升，抽象思维的地位会不断提升，但是形象思维对于艺术创作与创新实践具有重要的促进作用。

在高中英语教学中，培养学生的形象思维十分重要。第一，语言本身不仅仅是文字和语法，更是文化、情境和感受的背后载体。当学生能够以形象的方式思考时，他们更容易捕捉到语言中的细微之处和情感色彩，从而更加深入地理解和体验目标语言的文化与情境。例如，通过形象地描绘一个场景或情境，学生可以更直观地了解某个短语或单词在实际语境中的使用，而不仅仅是停留在表面的文字定义上。第二，形象思维为学生提供了一种更直观、更生动的学习方法，可以帮助他们更好地记忆和理解语言知识。举例来说，通过与图像、音效或动作相结合的方式，学生可以更轻松地记住新单词或短语，并将其与实际情境联系起来，从而加深记忆。第三，培养学生的形象思维还有助于激发学生的创造力和想象力。在英语写作或口语表达中，学生可以利用他们的形象思维能力，创造出富有想象力的故事，从而更好地展示自己的语言表达能力。

4. 直觉与灵感思维

直觉与灵感思维是指基于自身的知识、阅历，或由于自身思维的刺激，或由于外界信息的刺激而进行的一种快速、顿悟性的思维。直觉与灵感思维是逻辑性和非逻辑性相统一的理想思维的过程。

直觉与灵感思维之间同样既有联系又有区别，两者的联系表现在两者都具有突发性和不可预见性，即两种思维的产生都具有一定的随机性，且两种思维都是大脑在收到一种突发信号的刺激时产生的，其形成具有一触即发的特点。直觉与灵感思维之间的区别主要表现在两者产生的根源不同，直觉思维产生的根源是大脑存储的知识、经验、印象等信息的刺激，而灵感思维产生的根源是大脑以外的某种信息的刺激。

直觉与灵感思维是创新思维中两种相对比较成熟的思维类型，在创新实践中，直觉与灵感思维发挥着不可替代的作用，这两种思维很容易引起重大的观念或理论突破，或者帮助人们在实践中取得重大进展。在高中英语教学中，培养学生直觉与灵感思维同样具有重要意义。在掌握一门语言的过程中，单纯依赖书本和机械记忆往往不能达到理想的学习效果。直觉与灵感思维为学生提供了一种更加直接和内在的方式，帮助他们从内心建立对语言的感知，从而更快地把握语言的精髓和节奏。除此之外，这两种思维方式还能激发学生的创造性和主动性，使他们在学习过程中能够超越传统的框架，勇于尝试、表达和创新。当学生能够运用直觉与灵感思维去理解、运用和创造语言时，他们不仅可以更有效地掌握英语，还可以在日常交流和实际应用中展现出更加生动、有趣与具有感染力的语言表达能力，从而实现真正的语言应用与创新。

5. 综合思维

综合思维是指将客观事物的一些要素进行重新组合后形成一个新的思维或存在主体的过程，这些要素包括理论、方法、构思、技术、材料以及不同类型的物品等。

综合思维不是简单的拼凑，而是一种系统的组合。任何事物都是作为系统存在的，是由多种相互联系、相互依存和相互制约的因素按照一定规律组合而成的，因此，人们在认识事物时，要以全面的眼光审视事物的性质与发展。综合思维要求人们要从整体出发去认识事物，以达到对于事物整体的把握，因此，综合思维的思维起点与思维终点都是整体。

人们在进行创造性实践时，也要将事物放在系统中进行思考，既不能片面、孤立地观察事物，也不能局限于一种思维模式与方法，要全方位、多层次、多角度地对事物展开分析，准确把握事物的结构、性质、事实、材料以及相关知识，找出事物之间的内在联系，综合利用各种思维方式开展创新实践，使创新活动符合事物整体的发展规律。

综合思维是一种对已有智慧和知识的综合与升华，而不是简单地拼接与组合，通过综合思维创造出的新整体，应该大于原本的部分之和，且具有新的内涵与特征。综合思维是一种在原有认识与观念基础上进行的新突破，进而形成更具普遍意义的新成果的过程。英语教学作为教育实践的重要组成部分，应当重视对于学生综合思维的培养，要使学生在掌握基本英语知识与技能的同时，思维水平也能得到较大程度的提升。

（四）创新思维的培养方法

在高中英语教学中，培育学生的创新思维要求教师首先要具备创新思维，将创新思维运用到教学中，要明确学生在英语教学中的主体地位，采用启发式的教学方法进行教学设计，组织教学活动。关于创新思维在英语教学中的实际应用，可以从以下几点进行考量。

1. 创造性地组织教学活动

传统英语教学方式不能充分满足培养学生英语创新思维能力的要求，需要教师结合教学实际与学生的特点，创造性地组织教学活动。此时，同样以词汇与语法知识为例，在传统的教学模式中，教师在课堂上向学生集中教授大量的词汇与语法知识，学生的课堂任务是理解，记忆与背诵则放到课下，但从我国的英语教学实践来看，学生在课下记忆和背诵的效果并不是很好，对于语法的理解也不到位，运用时漏洞百出。教师可以将创新思维运用到词汇和语法教学中，如在课堂上组织语法造句或者语法应用练习，让学生进行替代词汇练习，在每堂课上合理分布词汇与语法的教学时间，尽量在课堂上加深学生对词汇与语法的印象。

2. 多角度、全方位设计问题

优秀的问题设计可以使课堂教学气氛变得更加轻松，从而有效提升学生英语学习的积极性，问题设计应该全面、灵活，兼顾不同层次、不同特点的学生。问题设计必须符合英语的课程安排，同时具有趣味性。问题内容应涵盖多种议题和话题，如文化差异、历史背景、日常生活等，以确保不同兴趣和背景的学生都能从中找到共鸣。除此以外，考虑学生的不同认知水平和学习风格，设计的问题应当遵循由浅入深、循序渐进的原则，既有封闭式问题，又有开放式问题，让所有学生都能参与其中。问题设计还应与课程目标和大纲紧密结合，以确保学生在参与讨论的同时，也能够达到学习的目标。通过采用综合运用多种教学方法和策略的方式，能够使问题设计成为激发学生潜力、提高课堂教学效果的关键要素。

3. 灵活运用教材

教师在英语教学过程中应该有自己的教学计划与课程安排，在此基础上，充分结合教材，培养学生的创新思维能力。教师不仅可以帮助学生读懂教材，掌握教材上的知识，还可以根据教材内容进行发挥。比如，在讲授关于英语交际技能的课文时，教师可以创设相关交流情境，让学生利用自己原有的知识与新学到的知识进行交流互动，自主决定对话内容，教师则在其中发挥指导作用，对于学生语言知识的运用进行评析。

创新是当今时代的主流，如果没有创新精神与创新思维能力，就难以跟上时代前进的步伐，国家发展如是，个人发展亦如是。只有把创新思维运用到教育中，才能真正改善教育模式，提升教育水平，帮助学生实现全面发展。

4. 多元化设置教学内容

传统的语法、词汇和阅读理解虽然是英语教学的基础性内容，但是已经远远不能满足时代发展需求以及社会对英语人才的需求。为了真正培养出既有语言技能又有较高思维水平的学生，教师需要不断拓展教学内容，涉及与现实生活和跨文化交流相关的话题。举例来说，当讲到关于科技进步的内容时，学生不仅可以学习到相关词汇和表达方式，还可以讨论技术如何影响日常生活、工作和人际关系。当教学话题转向环境变化时，学生可以被引导思考气候变化对自己生活的影响，以及他们可以如何作为全球公民采取行动。除此之外，社会新闻也可以成为重要的教学内容，可以在教学过程中使学生更加关心全球事务。这样的教学不仅可以提高学生的语言实践能力，还可以激发他们的好奇心，使他们更加关注和参与正在发生的世界大事中，为他们的未来做好准备。

二、模仿思维

（一）模仿思维对于英语教学的作用

1. 听读模仿

模仿思维是指通过模仿去认知未知事物的思维方法。模仿思维在英语教学中的应用集中体现在对于英语发音与交流方式的模仿。因为如果不模仿英语环境下人们的语言使用技巧，学生就很难将所学的英语知识运用到实践中，不能灵活地运用英语进行交流。即便牢固掌握词汇、语法、阅读与写作等基础知识，也只能是停留在文字层面的英语。

人类的成长过程始终离不开模仿，模仿是人类学习的重要环节。在英语教学中，教师应该提倡学生多听多读多说。听与读是英语语音知识教学的两个重要组成部分，学生只有通过多听英美原音，并模仿朗读，才能锻炼自己的发音技巧。为了达到更好的学习效果，学生应该在朗读前多听几遍，再进行模仿，逐渐培养自己的语感。由于语言体系存在的本质差别，英语语音练习对于我国学生来说并非易事，需要每天坚持，日积月累培养自己的英语听读能力。

2. 口语交际模仿

英语语音的练习，只有听读是不够的，还需要学生"张开嘴"，大胆开口说英语。听读是语言知识的输入过程，而开口讲话则是语言知识的输出过程，是语音知识内化的成果。有了听读的基础，学生要多讲多说，克服害怕张口说错的心理障碍。

在英语教学实践中，教师应该多组织关于英语交流的活动，或者在课堂教学设计中提升英语口语练习的比重，模拟真实的交际情境，组织学生运用英语进行交流。在此期间，教师也可以采用角色扮演的方式，让学生融入游戏角色，切实体会英语环境下人们的交流习惯，同时还可以激发学生的英语学习兴趣。当然，不仅在课堂之上，在课下也应该鼓励学生练习英语口语，多用英语进行交流。学生只有勇敢地张口与大量练习，才能真正地掌握英语口语。

（二）信息技术"赋能"英语教学中学生模仿思维的发展

1.语音模仿教学

随着信息技术的飞速发展，英语教学的模式也正在发生深刻变革。传统语音教学重视师生面对面的交流与模仿，而现代的信息技术为学生提供了广泛和多样的模仿学习资源。特别是，在语音模仿教学中，信息技术的应用不仅提高了学生的学习兴趣，还大幅提升了学习效果。

语音是语言学科重要的知识内容，语音知识的要素主要包括发音、语调、语气、语速与语言节奏等方面，它们也是语音模仿教学的内容。教学重点是英语语音材料的听读训练与口语练习，通常来说，学生的英语口语能力是在模仿过程中不断提高的，因此，加强语音模仿教学，让学生熟练掌握正确的发音，可以为学生英语运用能力的提升打下良好的语音基础。

具体到音乐教学实践之中，数字化的语音教学资源使学生能够随时随地接触到真实的语言环境。举例来说，学生可以通过在线平台收听来自不同国家和地区的英语广播，模仿各种口音和语调，或者通过观看英语电影、电视剧和短视频，学习和模仿角色的语音、语调、语速与语言节奏。这些真实的语音材料不仅能够提高学生的听力和口语练习的趣味性，还能够帮助他们更好地理解和运用语言在不同文化与情境中的细微差异。而智能的语音识别技术可以为学生提供及时和准确的发音反馈，帮助他们纠正发音错误，提高模仿的精度。

信息技术也为教师提供了灵活和个性化的教学方法。教师可以根据学生的学习进度和特点，选择合适的语音材料进行教学，或者利用互动软件进行在线语音模仿比赛,激发学生的学习积极性。与此同时,教师还可以通过在线平台收集和分析学生的学习数据,了解学生在模仿过程中的困难和需求,及时调整教学策略,以确保教学效果的最大化。结合上述内容,可以看出,信息技术为英语语音模仿教学提供了丰富的资源和工具,使学生能够在模仿中不断提高自己的英语口语能力,促使自己可以更好地在现实生活中运用英语。

2. 语意模仿教学

语意模仿教学的目标是培养学生对于英语语言意义的理解,教师引导学生对于语言材料中的部分内容进行替换,不再是让学生机械地模仿,而是要充分理解材料的内容和意义,让知识不再浮于表面。在此基础上,教师还可以培养学生的创造性模仿能力,让学生将所学知识内化为自己的语言,然后创造性地运用所学知识,在新的情境中将自己的思想表达出来,从而提升自己的英语语言运用能力。

传统模仿教学方法往往强调机械化的模仿和重复,而缺少了对语言深层意义的探索和理解。而信息技术的介入为此带来了变革,为学生提供了更丰富、更高效的模仿学习体验,强调知识的内化与创新应用。

在语意模仿教学中,利用信息技术,学生可以更深入地接触到各种真实语境中的英语材料,例如,电子书、文章、播客和短视频等。这些材料不仅包含丰富的文化背景和情境知识,而且具有高度的互动性和实时性。学生可以通过电子标注、互动问答、词汇解释和上下文推理等功能,深入理解文本中的隐含意义和情境信息。与此同时,教师还可以利用智能分析工具,了解学生的学习进度和模仿效果,为他们提供更精准和个性化的指导与反馈。

除了上述内容外,信息技术还为学生提供了创造性模仿的平台。例如,学生可以使用在线写作平台,将所学知识和技能运用到实际的写作中,模仿不同的写作风格和文体结构,同时可以融入自己的思考和见解,展现个性和创新意识。教师可以为学生设计各种真实情境的写作任务,鼓励学生根据自己的兴趣和特点进行选择与创作，真正将模仿与创新结合起来，提高学生的英语语言运用能力。通过以上内容，不难发现，信息技术为英语语意模仿教学赋予了新的活力和深度，使之不是停留在表面的模仿，而是真正达到了知识的深层理解和创新应用。

模仿思维是英语学习中必不可少的思维能力，模仿教学也是英语教学中重要的教学方法，科学合理的模仿教学可以帮助学生夯实英语语言基础，使学生不仅要学会英语，还要学会用英语。

三、理科思维

（一）理科思维与英语教学

理科是实验性强的学科，理科思维强调用数据分析、资料整合、逻辑推理去看待世界并解决问题。理科思维注重量化分析，看待事物比较理性，对于结论的探求过程也会更直接，因此，在用理科思维处理问题时会具有较强的逻辑性。

理科思维强调观察，观察实验中的现象，观察研究对象的形态与性质变化，通过现象总结规律。这在英语中同样适用。比如，在词汇与语法学习时，学生可以通过观察单词和句子的构成顺序与逻辑结构，总结出构词经验与造句方式。教师在教学过程中也应注重对于学生观察能力的培养，帮助学生熟悉构词技巧，厘清句子成分。

理科思维强调记忆与记录，对于实验过程中的各项数据与状态，包括时间、现象、质量等，需要进行详细的记录，以便进行数据分析。在英语学习中，学生更需要"记"，记忆单词的书写与发音，记忆语法的使用方法和规则，记忆句型的构成与运用。通常来说，英语涉及大量的语言知识，学生不可能在课堂上全部掌握，因此必须通过记录笔记的方式将知识以文字的形式保存下来。笔记的记录也有不同形式，主要是学生根据自己的学习习惯形成的，教师可以教授学生一定的笔记技巧，使学生的笔记逻辑更加清晰。由此可见，"记"对于英语教学十分重要。

理科思维强调思考与分析，对于实验现象进行分析，通过现象思考本质。英语教学中也是如此，语言知识的教学不是简单的知识堆砌，而是需要学生自己去理解知识，去思考知识，而教师需要做的，就是在日常的教学过程中引导学生去思考和总结。

理科思维强调联想与拓展，同一种分子可以构成多种物质，同一组规律可以运用于不同的研究对象。在英语教学中，拓展与联想是重要的学习方式。以词汇教学为例，许多词符合构词法的规律，教师在教学过程中，可以先拆分词汇，就词汇的构词规律进行讲解，然后让学生自主分析构词规律类似的其他词汇，加深对于词汇的记忆，进而猜测陌生词汇的含义，帮助学生掌握构词的规律。

（二）运用现代教学技术促进学生理科思维的发展

1. 大数据驱动

通过集成数据分析工具，教师不仅可以实时监控每个学生的学习状态，还可以为学生提供一个可视化的学习进度看板，使学生同样了解自身的英语学习状况。学生不再是被动地接受知识，而是能够像科学家一样主动地追踪和分析自己的学习数据。如此一来，他们可以更加明确自己在词汇、语法、听力和口语等方面的掌握程度，及时发现自己学习中的优势与劣势。更重要的是，当学生能够清晰地认识到学习的规律方法时，他们往往会更有动力去克服困难、挑战自我，从而形成一个积极的学习反馈循环，在这一过程中，学生的分析能力与理科思维也会得到很大程度上的提升。与此同时，教师也可以根据这些数据为学生提供更有针对性的辅导和资源，设计出更符合学生需求的教学方案，使得教学过程更高效。因此，大数据驱动的方法不仅有助于学生更好地掌握英语，还能够为教师提供更加科学、合理的教学决策支持。

2. 实验性学习

传统英语教学方式可能更多地侧重于知识的传授和记忆，而缺乏实际应用与体验教学，但语言本身是用于沟通和表达的工具，仅仅停留在书面理论知识的阶段是远远不够的。因此，像理科学习一样，建立一个类似"实验室"的学习环境，可以为学生提供一个沉浸式的学习体验。在这种环境中，学生可以自由地模拟不同的生活场景，测试并验证英语的实际使用，如模拟商务会议、旅游交流、学术研讨等。通过这种"做中学"的方式，学生不仅能够真实地体验到英语在各种情境中的应用，还能够及时发现并纠正自己的错误，进一步巩固和加深对英语知识与技能的理解和掌握。与此同时，这种实验性学习方式还可以激发学生的学习兴趣，使他们更加愿意主动地参与到英语学习中，形成更加积极、主动的学习态度。在此基础上，教师还可以根据学生的实际需求和兴趣，设计更加富有创意和挑战性的学习任务，从而真正实现高中英语教学的深度与广度的双重提升，在这一过程中，学生的思维能力也能得到锻炼与培养。

3. 系统性思考

系统性思考是理科思维一种重要的思维能力，在高中英语教学中，培养学生的系统性思考能力同样至关重要。传统教学方法往往让学生局限于单一的词汇记忆和句子结构，而缺乏一种对整体语言结构和逻辑的认识。在新课改的大背景下，教师应为学生提供多种工具和平台，使他们能够从一个更广阔的视角看待英语，学生不仅要学习单词和句子，还要探索这些元素是如何在更大的语境中相互作用、结合，进而形成一种具有意义的语言表达的方法。例如，通过图示、思维导图和互动软件，学生可以清晰地理解各种语法规则和句型结构之间的关系，进而理解整个英语语言体系的构成和运作方式。除此之外，教师还可以组织各种实践活动，如话剧、辩论会和小组讨论，让学生在真实情境中运用所学知识，感受语言的魅力和规律。这种从宏观角度对英语的系统性理解，不仅能够帮助学生建立更加稳固的知识结构，还能够培养他们的批判性思维和创新能力，从而在未来的学习和生活中取得更大的成功。

4. 跨学科联系

在新课改背景下的高中英语教学中，实施跨学科联系的策略不仅能丰富教学内容，还能提升学生的学习兴趣和实践能力。通过将英语与其他学科如数学、物理、化学等建立紧密联系，教师可以帮助学生发现英语在各个学科领域中的广泛应用，从而认识到英语学习的实际意义和价值。具体来说，在数学课程中，可以通过引入英文的数学文献或研究，使学生在解决数学问题的同时，能够锻炼其英文阅读和写作能力；在物理和化学课程中，学生可以通过英文来学习国际上的最新科研成果或理论，进一步培养其跨文化交流能力。除此之外，教师还可以组织学生进行跨学科的小组合作项目，鼓励他们从多个学科的视角探讨和解决实际问题，以此来锻炼学生的综合思考和协作能力。这种跨学科的学习方式，不仅可以加深学生对英语和其他学科知识的理解，还可以培养他们的跨学科思考能力，为其未来的学术研究和职业发展奠定坚实的基础。

5. 反思与修正

在高中英语教学中，当学生在学习的海洋中航行时，他们难免会遇到各种挑战和困惑，此时，持续的反思成为他们航行的罗盘。例如，在阅读一篇复杂的文章或完成一项写作任务后，学生可能会遇到某些表达不够准确或理解偏差的问题。教师应鼓励学生如同科学家对待实验数据一样，对自己的学习成果进行系统评估。在这一过程中不仅涉及学生对错误的纠正，更多的是对自己的思维过程进行解剖，理解在哪个环节出现了问题，为什么会产生这样的误解。除此之外，教师可以设计类似"假设—实验—验证"的练习活动，如先让学生预测一个英语现象的规律，然后通过实际语境来验证这一假设，最后再对其进行修正并总结。

从客观的角度来看，这种过程不仅锻炼了学生的英语技能，更重要的是培养了他们科学、系统的思维习惯。当学生习惯于这种不断反思和修正的学习方式时，他们在未来不管遇到何种挑战都会更有自信和能力去应对。而这一系列教学方法的实现，离不开信息技术的辅助，只有这样才能达到理想的教学效果。

第二节 英语教学中学生自主学习能力的培育

一、自主学习的内涵与特点

（一）自主学习的内涵

自主学习是指学生在总体教学目标的宏观调控下，在教师的指导下，根据自身条件和需要，自由地选择学习目标、学习内容、学习方法，并通过自我调控的学习活动，完成具体学习目标的学习模式。

自主学习是一种重视学生在学习过程中的主导地位和独立性的学习模式。在这种模式下，学生不再是被动接受知识的容器，而是一个积极参与者，他们在教师和总体教学目标的指导下，依据自己的实际条件、兴趣和需求，来设定自己的学习目标、选择学习内容和方法。这种学习方式注重个体差异，使得学习过程更个性化、更有针对性，也更能适应学生的实际需求。

在自主学习过程中，学生需要运用各种手段，如阅读、听讲、研究、观察和实践，来达到自己的学习目标。这不仅能帮助他们获得知识，还能培养他们的自我调控、分析问题和解决问题的能力。自主学习强调个体在不受外界干扰、不依赖他人的情况下，依靠自己的努力完成学习任务。这种独立性不仅能增强学生的学习信心，还能培养他们的责任感和自我驱动力。当学生习惯了这种学习模式时，他们在未来的生活和工作中也更容易主动寻找、分析与解决问题，成为社会发展的积极推动者。

（二）自主学习的特点

1. 自立性

自立性是"自主学习"的基础和前提，是学习主体内在的本质特性，是每个学习主体普遍具有的。它不仅经常地体现在学习活动的各个方面，而且贯穿学习过程的始终。因此，自立性又是"自主学习"的灵魂。

作为学习的根基，自立性意味着学生拥有对学习的完全掌控权。他们为自己设定目标、选择方法，并承担每个决策的后果。这不仅能够帮助学生建立起对学习的热情和兴趣，而且为学生提供了一个了解自己的机会。每个人都是独一无二的，他们的学习方式、速度、风格都是不同的。当学生具备了自立性时，他们便可以找到最适合自己的学习路径，并按照这个路径去探索和成长。

自立性也与学生的认知发展紧密相连。一个具备自立性的学习者，他不仅是一个被动的知识接受者，也是一个主动的知识创造者。他们会对学习材料进行深入的思考、批判和整合，将所学知识与自己的经验、观点结合起来，形成一个完整的知识体系。这种深层次的认知过程，不仅有助于学生更好地理解和掌握知识，还能够提高他们的创造力和创新能力。

自立性还关乎学生的情感和动力。当学生能够对自己的学习负责时，他们会感到更有成就感和自豪感。学生能够感受到每个进步，都是他们自身努力的结果。这种积极的情感反馈会进一步激励学生去努力、去挑战、去超越自己。与此同时，当学生面对困难和失败时，他们也更有信心和勇气去克服，因为他们知道，这是学习的一部分，是他们成长的必经之路。

2. 自为性

自为性是指学习主体将学习活动纳入自己的生活结构之中，成为实践活动中重要的组成部分。学习自为性是独立性的体现和展开，它包含学习的自我探索性、自我选择性、自我建构性和自我创造性四个层面的结构关系。因此，自为学习本质上就是学习主体自我探索、自我选择、自我建构、自我创造知识的过程。

自我探索是学习主体基于好奇心引发的，是对事物、环境、事件等自我求知、索知的过程。学生在求索的过程中产生学习需求，同时自我探索也是一种学习动力。它不仅表现在学习主体对事物、事件的直接认识上，而且表现在对"文本"知识的学习上。

自我选择是指学习主体在探索中对信息的自主选择性。外部信息只有经学习主体的选择才能被纳入认知领域；选择是由于被注意，只有经学习主体注意的信息才能被选择、被认知，因此，学习是从学习主体对信息的注意开始的。而一种信息要引起注意，主要是由于它与学习主体的内在需求一致。

自我建构是指学习主体在学习过程中自己建构知识的过程，即其新知识的形成和建立过程。在这一过程中，由选择性注意提供的新信息、新知识，是学习的对象。对这一对象的学习则须以学习主体原有的经验和认知结构为前提，而从头脑中选择提取的信息是学习新信息、新知识的基础。这两类信息经由学习主体的思维加工而发生了新旧知识的整合和同化，使原有的知识得到充实、升华、联合，从而使新的知识系统得以建立。

自我创造知识是学习自为性更重要、更高层次的表现。它是指学习主体在建构知识的基础上，创造出能够指导实践并满足自己需求的实践理念模型。这种模型，本质上是让学习主体根据对事物发展的客观规律、事物真理的超前认识，以及对其自身强烈而明确的内在需求进行创新思维的结果。从根本上看，建构知识是对真理的认识，是对原有知识的超越。

3. 自律性

自律性即学习主体对自己学习的自我约束性或规范性，它代表了一种不仅仅是对知识的追求，更是对自我的要求，对自己的约束和驱动。学习的路上充斥着诸多的诱惑和困难，但是，只有真正具备自律性的学习者，才能顶住各种压力，坚持到底。

在学习过程中，自律性，首先体现在自觉性上。当学习者真正认识到学习的意义、目的和目标时，他们的学习行为会自然而然地被这种意识所规范和约束。他们不再是为了应付一次考试或完成一项任务而学习，而是为了实现自己的长远目标、为了满足自己对知识的渴求而学习。这种自觉性，使得学习者对待每个学习任务都充满了热情和认真，每个细节都不肯放过。而这种深入细致的学习方式则能够使得学生在自主学习过程中的学习效果大大提高。其次体现在学习行为的主动性和积极性上。学习不再是一种被动地接受过程，而是一种主动地探索和挑战过程。学习者不满足于教师教授的知识，他们会主动查找资料、深入研究、与他人讨论。他们对待知识的态度，不再是一种简单的接受和记忆，而是一种批判和整合。这种积极主动的学习方式，不仅能够帮助学习者更好地掌握知识，而且能够培养他们的思维能力和创新能力。而这种能力的培养，对于学习者的未来发展，无疑是至关重要的。

二、英语教学中学生自主学习能力培育的重要性

（一）促进学生的全面发展

在高中英语教学中开展自主学习模式，能够充分尊重学生的课堂主体地位，让学生具有课堂主人翁的意识，从而更好地提高自身的学习积极主动性。增加英语课堂教学的互动性，让学生之间能够进行交流讨论，培养学生的协作和探究意识，也有利于激发学生的内在潜能，让学生更好地展现自我，实现自我价值，在一定程度上促进学生的全面发展。

（二）提高教师的专业素养

学生提高英语学习的主动性能够让英语课堂教学变得更有活力，能够有效激发英语教师的教学激情。在自主学习的英语教学模式中，教师为了让学生能够获得更多的知识，也会随时提高自己的英语专业能力，拓宽自己的知识视野，以便给学生创造更好的自主学习课堂体验。

（三）提升英语教学的质量

开展自主学习能够促进师生之间、生生之间的情感交流和学习沟通，从而有利于营造良好的学习气氛，便于学生更好地配合教师，完成英语教学，提升英语教学的质量。

三、信息技术"赋能"学生自主学习能力培育的路径

（一）提供丰富多样的学习资源

信息技术对现代教育的影响是深远的，特别是在为学生提供丰富多样的学习资源方面。相较于传统的学习方法，信息技术为学生展示了一个更广阔、更丰富的学术领域。这个电子化的知识库不受地点、时间的限制，为学生提供了无穷的学习机会。无论是深入研究的专业材料还是跨学科的综合知识，学生都能够通过数字化的手段迅速地获取。便捷的信息获取方式使得学生可以根据自己的学习速度、风格和偏好进行自定义学习，而不是被固定的课程框架或教材所限制。更重要的是，这种学习方式鼓励学生根据自己的兴趣去探索和发现，培养他们的主动性和探究精神。这种自驱动的学习方式不仅增强了学生的学习兴趣，还有助于培养他们的批判性思维和创新能力。

（二）增强学习的互动性和参与感

信息技术已经深刻地改变了学习的面貌，赋予学生更广泛的参与权和互动机会。不同于传统的、线性的教学模式，现代教育越来越重视学

生的主体性。这得益于信息技术中的互动工具，如论坛、博客和各种在线讨论平台，这些互动工具打破了教师和学生之间的壁垒，激发了学生的好奇心与学习的积极性。

在高中英语教学中，当学生能够直接参与到知识的创造和分享过程中时，他们更有可能对学习产生积极的态度。这是因为，当学生能够在学习过程中表达自己的观点、提出问题和解决实际问题时，他们便会感到自己是学习的一个重要部分，而不仅仅是接收信息的容器。除此之外，这种主动参与也有助于培养学生的批判性思维和解决问题的能力。这种互动式的学习方式也为学生提供了与他人合作和交流的机会，使他们能够在团队中发挥自己的优势，共同寻找答案和解决方案。通过这种方式，学生不仅学到了知识，而且学会了与他人沟通和合作的重要技能，这对他们的未来职业生涯和人际关系都是非常有益的。

（三）为个性化学习提供支撑

信息化教育技术能够细致地捕捉到学生的每个学习动作，从点击率到浏览时间，再到答题情况，每个细节都被记录下来。这些数据，经过智能分析后，可以为教师提供宝贵的有价值的信息，使他们能够更好地了解学生的学习习惯、兴趣和挑战。因此，教师可以根据这些信息为学生提供更加贴合其实际需求的学习资源和方法，以确保每个学生都能够在最适合自己的环境中学习。这不仅增强了学生的学习体验，还为他们创造了更加丰富和多元的学习机会。除此之外，适应性教学也能够确保所有学生，无论他们的学习速度和能力如何，都能够在自己的节奏下达到学习目标。

第三节　英语教学中学生的个性发展

一、英语教学中学生的个性

英语课程设置，一方面要有利于学生个性化的学习，另一方面要充分考虑学生入学水平以及面临的社会需求等各方面因素的不尽相同，要制定科学、系统、个性化的英语教学大纲，使英语教学朝着个性化和自主学习的方向发展，能够使学生选择适合自己需要的材料和方法进行学习。现代英语教学的重要指导思想是实施个性化学习，以满足学生各自不同专业的发展需要。

（一）差异性

个体差异的产生可能有各种各样的原因：其一，包括意志、个性、专业、兴趣等许多个性心理品质在内的非智能方面的差异，而这种非量化指标在目前的英语教学中往往被忽视；其二，英语教学涉及不同的语言技能，技能需求的差异必须反映在每个学生英语知识的个人建构上；其三，学习评价通常是系统化的，但由于每个学生的学习目标不同，能力各异，会表现出自我评价方面的差异。基于此，学生会表现出"按需所学"或"各取所需"意愿，他们会对统一的教材、同一个教师、千篇一律的教学方式、不变的学习时间和地点"不屑一顾"。

（二）独创性

独创性是"个性化"的充分体现，具体表现在以下两个方面：一是有个性发展的学生会主动参与整个学习的过程，了解常规的教学内容、教学手段和学习方式，并从中选择符合实际的、能满足个人学习需求的方式；二是有敏锐的洞察力、独创的分析问题和解决问题的能力，对教学常规持分析和批判的态度，善于"删除"英语教学中对个体不合适的或难以顺应教学的内容，通过自主性学习来弥补，而不是"随波逐流"，任凭教师摆布，从而体现出个人的创新能力。

（三）协商性

知识是个体与他人经由协商并达成一致的社会建构，个体主动建构知识不代表可以任意建构，需要经过人际交往的社会过程才能转化为有可能的客观知识，这一过程不可避免地会受到社会文化因素的影响。有的学生并不清楚自己的特点、学习需求，在这种情况下，"自主性"将无益于学生未来的发展。教师要随时观察他们的学习情况，针对学生的个性特点，挖掘个体的学习潜能，判定学生的学习倾向，帮助他们找到最能发挥个人创造性的学习方法，把个性与社会发展的统一要求转化为每个学生的主观内在动力。

提倡英语教学"个性化"，是因为学习个体有个性发展的实际需要和内在动力，"四化"建设需要"个性化"人才，而英语教学就是要为这种需求和动力增加润滑剂，使其运作得更加自如，使学生的个性发展更加完美，使外语学习与个人成长、职业规划和社会需求相协调。

二、促进学生个性发展

（一）培养学生敢于质疑的精神，创设开放的课堂教学情境

要想促进学生个性发展，就要培养学生敢于质疑的精神，让学生在课堂上敢于表达自己的观点，敢于对教师讲解的内容提出自己的质疑，而不是机械地记录教师所讲内容。教师在课堂上要善于采取灵活的教学方法引导学生发问和质疑，对学生敢于质疑的学习品质给予鼓励，调动学生发言的积极性，帮助学生养成善于思考问题的学习习惯。

教师在实践教学中还可以创设开放的课堂教学情境，鼓励学生对于教学内容提出自己的观点，当学生对于知识的理解出现偏差时，不要轻

易否定学生，要循循善诱地帮助学生纠正偏差、理解知识，引导学生有条理、有根据和有主见地思考，从而使学生的个性得到充分发展。

（二）尊重学生个性，根据个体差异进行有针对性的教学

教师应该尽量多地了解学生的性格特征、兴趣爱好、学习习惯、处事方式等个性，了解不同学生之间的个性差异，随后针对不同个性的学生选择合适的教学方法和培养方案。对于性格内向的学生，应该鼓励他们勇于表达、敢于发言；对于性格外向、活泼的学生，应该注重夯实他们的知识基础。对于成绩优异的学生，应该引导他们博学广思，拓展知识面；对于基础薄弱，成绩不是很理想的学生，应该帮助他们建立英语学习的信心，培养他们英语学习的兴趣。[1]

高中英语教学平台可以利用数据分析技术，针对每个学生的学习情况生成个性化的学习建议，从而为其提供精准的辅助教材和练习资源。在技术的支持下，高中生可以获得量身定制的学习资料，帮助他们在困难领域进行加强和提高。除此之外，信息技术还能提供互动式学习工具，如模拟对话、语音识别等，助力这些学生在真实情境中应用英语，从而增强他们的学习信心。

现代信息技术还为高中英语教学提供了一种创新的学习方式，即在线社区和学习小组，学生可以在这些平台上自由交流、分享学习经验，与志同道合的伙伴合作解决问题。这种方式尤其对性格内向的学生有益，他们可以在这种相对安全的环境中练习交流和沟通。与此同时，性格外向的学生可以担任小组的领导者或辅导员，这不仅能锻炼他们的领导能力，还能夯实他们的知识基础。综合上述内容，不难发现，结合现代信息技术的高中英语教学，更加尊重学生的个性，能够为他们提供更加个性化、有效的学习途径。

---

[1] 岳廷玉. 知行之道[M]. 青岛：中国海洋大学出版社，2018：93-100.

（三）设置自适应学习路径

传统的教育模式往往强调统一教学进度，导致许多学生在学习过程中容易感受到挫败或沮丧。通过现代信息技术，教师可以将教育精准化地呈现给每个学生。具体来说，对于热衷于文学的学生，平台可以为其推荐原版英文小说，提高其阅读能力；对于喜欢歌曲的学生，平台则可以提供经典英文歌曲和相关歌词，鼓励其通过唱歌提高口语能力和听力能力。有的学生可能会在语法上存在困惑，教育平台可以根据他们的实际需求，提供更详细的语法讲解和练习。这种自适应学习路径不仅满足了学生的兴趣和需求，也为他们在学习英语时提供了个性化的支持和指导，使他们能够在舒适的环境中学习，更加珍视和享受学习过程。因此，高中英语教育应该深入挖掘并充分利用信息技术的这一优势，确保每个学生都能在最适合自己的环境中成长和进步。

第八章 信息技术"赋能"下英语教师的专业发展

第一节 英语教师专业发展概述

一、职业与专业

(一)一般职业与专业性职业

分析职业与专业的异同,首先要从二者的含义出发。"职业"一词是指个人服务于社会并为获得主要生活来源从事的工作,而职业本身又分为一般职业和专业性职业。

"职业"一词在英文中的翻译有三个,即 occupation、profession 以及 vocation。其中,occupation 侧重于指代一般的谋生职业,还有消遣和业余活动的意思,而 profession 则指代需要特殊专业能力或是较高教育水平的职业。2013年,我国公布的教育学名词中就包括"专业性职业"一词,虽然其英语解释中同时出现 profession 和 occupation,但该词的公布表明在汉语语境中,已经对一般职业与专业性职业进行了明确的划分。

"专业"一词在《汉英双解现代汉语词典》中有三个解释。第一,在高等学校的一个系里或中等专业学校里,根据科学分工或生产部门分工将学业分成的门类。第二,产业部门中根据产品生产的不同过程而分成的各业务部分。第三,形容专门从事某种工作和职业。我们这里讨论的教师专业发展使用的是第三个解释，即教师职业要求从业人员不断提升自己的专业知识和专业技能来实现职业的不断发展。这里的"专业"与专业性职业的概念基本相同，即需要较高的知识或能力需求的职业。

（二）专业化的含义

随着社会分工的不断细化，越来越多的一般职业逐渐发展为专业性职业，这是历史发展的必然趋势，而这一发展过程就是职业的"专业化"过程。专业化是指在一定时期内，一般职业群体通过不断发展最终达到或超越专业的标准，成为专业性职业群体的过程。

专业化是一个过程，具有历史性。一般职业的专业化是一个历史的发展过程，在较长一段时间内，该职业的从业人员不断提升自身的专业知识水平和专业技能素养，使得职业在发展过程中不断提升行业的整体标准，并达到专业的水平，成为专业性职业，而在这一阶段，该职业从业人员的专业素质则必须达到其专业标准。

专业标准的制定和提升是专业化的重要标志，也是考察职业专业化程度的重要因素。专业标准将专业性职业与其他职业区分开来，同时为从业人员提供了奋斗目标与评测标准。在某一职业中，行业内的从业人员可以通过不断的知识学习和技能磨炼提升自己的专业能力，可以实现职位的升迁或报酬的提升；行业外的从业人员则可以通过该行业专业技能的学习进入行业内部，成为专业人员。职业专业化是一个不断发展的过程，因此其专业标准也不是一成不变的。随着职业专业化程度的不断提升，或者专业性职业内部分工的不断细化，专业标准也会随之变化，以适应专业发展的要求。

二、英语教师专业发展的内涵与历程

（一）教师专业化与教师专业发展

探讨英语教师专业发展的内涵，要明确教师专业化与教师专业发展的含义以及教师专业发展的内在要求。

教师专业化是教师职业专业化的过程，从广义上来讲，它又有两个层面的含义。其一，教师作为一门职业，其专业化程度不断提升，对于从业人员素质的要求更加严格。其二，作为从业人员的教师群体不断丰富自身专业知识、提升自身教学能力和技巧的自我提高过程。从狭义上来讲，教师专业化更多的是从社会学的角度考虑问题，更加强调作为一个整体的教师这个职业的专业性提升过程。

教师行业的专业性在世界各国已经得到普遍认同，联合国教科文组织也明确提出教育工作是一种专业性强的专门职业，并于1996年提出了一系列加强教师专业化的建议，包括构建科学的职业发展体系、创设适当的行业评价体系、提升教师职业的收入与社会地位等。在实际生活中，教师专业性没有受到足够的重视，有些人对于教师的专业性持怀疑态度，教师专业化本身的发展也的确存在一定的不足，需要进一步提升。

学术界关于教师专业化与教师专业发展之间关系的讨论主要存在三种观点。

第一，教师专业化的过程等同于教师专业发展。

第二，教师专业化与教师专业发展的概念不同。教师专业化是指教师职业不断完善，专业水平不断提升的过程。教师专业发展则是指教师个体由不成熟逐渐成长为成熟的专家型教师的过程。

第三，教师专业化包含教师专业发展。教师专业化包括教师职业和教师个体两个主体，教师专业化同时具有实现职业整体发展和从业人员个体进步两个层面的含义。[①]

综上所述，广义上的教师专业化与教师专业发展之间并没有太明确的界限，"发展"即"变化"，教师专业化与教师专业发展之间存在诸多

---

① 徐家玉. 信息技术背景下高效英语教学理论体系的建构与探索 [M]. 长沙：湖南师范大学出版社，2018：237-238.

相通之处，均指加强教师专业性的过程。狭义上的教师专业化与教师专业发展则是两个不同的概念。双方强调的主体不同，教师专业化更加强调整体，即教师这个职业；而教师专业发展更加强调作为行业从业人员的教师个体成长的过程。

为了更加准确、具体地对教师专业发展进行分析，我们选择将教师专业发展与教师专业化的概念，根据对象范围的不同进行区分，从狭义的角度来观察英语教师专业发展这一概念，即英语教师行业从业人员自身专业素质的发展过程。

(二) 英语教师专业发展的内涵

1. 关于英语教师专业发展内涵的研究

目前，国内外关于英语教师专业发展的研究尚不成熟，英语教师专业的内涵还处在不断地完善和发展之中。综合目前国内外研究成果，学者普遍认为，英语教师的概念界定必须体现其专业性，一名合格的英语教师需要具备优秀的专业素养。因此，已有研究普遍选择以教师的专业素质结构为研究核心，从英语专业和英语教学的特点出发，结合教师专业的相关理论，对英语教师专业概念和内涵进行了分析和界定。

关于英语教师素质结构的研究，虽然学者的切入角度与研究重点各有不同，但总体上基本包括三个层面的研究，分别是教师的专业素质、语言教学的专业素质以及英语学科要求教师所应具备的素质。[1] 通常来说，一名合格的英语教师应该具有扎实的专业知识与高水平的专业技能，具有较强的教学组织能力与教学实施能力，具有高尚的品格与修养，且熟悉掌握语言知识、二语习得和外语教学理论等相关理论知识。因此，对英语教师专业化水平的考察应从以下几个方面进行，分别是学科教学能力、职业观与职业道德、教学观、学习与发展观。我国知名英语教学法专家田式国则将教师的专业素质分为政治思想和人格、外语教育理论、

---

[1] 廖策权，梁俊. 教育心理学 [M]. 长春：东北师范大学出版社，2018：220-229.

科学文化知识、英语专业知识、英语语言功底、英语运用能力、英语教学的技能与方法、学习能力、科研能力等几个方面。

2. 英语教师专业发展的内涵

英语教师专业发展与教师专业发展，两者在概念上具有一致性，人们在讨论英语教师专业发展的概念时，会结合教师专业发展的概念进行分析。同时，英语教学具有语言教学与外语教学的双重属性，这就使得英语教师专业发展具有其自身的特点。

正因为英语教师的职业特点，学者在深入探讨英语教师专业素质结构基础上，结合教师专业发展的多个维度和中国的英语教学实践，对中国英语教师专业发展的内涵进行了充分研究，主要有以下几个方面的内容。

第一，英语教师专业发展指的是，英语教师在教师专业化程度不断加强的背景下，在教师教育的机制与实践教学的磨炼中，不断学习、实践、反思、总结与发展的动态过程。

第二，在英语教师职业专业化不断发展完善的前提下，英语教师专业发展的内涵可以从三个维度进行考察。其一，英语教师专业发展是指教师个人在专业教学生涯中的心理成长过程，心理成长的内容包括态度层面（专业信心、态度价值观的增强）、学科知识能力层面（学科知识的"博"与"专"）、专业教学知识能力层面（教学技能的提高以及为应对教学不确定性而发展丰富的教学策略意识的不断强化，人际交往与同事合作等能力的完善）。其二，英语教师专业发展是指在职的英语教师受外在的教育或培训而获得上述方面的发展。其三，强调英语教师专业发展中教师的主体性，认为"英语教师专业发展"的概念应该界定为，英语教师以自我发展需要为动力，在教师教育机制中，通过不断学习、实践与反思，使自己的专业素质不断发展、完善的过程。

基于上述内容，可以得出，英语教师专业发展是指在教师教育机制中，英语教师通过不断学习与实践，不断更新和发展自身专业素质结构与专业知识体系的过程。

第二节　英语教师专业发展的内容指向

高中英语教师专业发展的内容不仅包括自身的英语知识，还包括教学能力、思想道德等一系列素质，英语教师专业发展的内容指向主要包括以下几个方面，如图 8-1 所示。

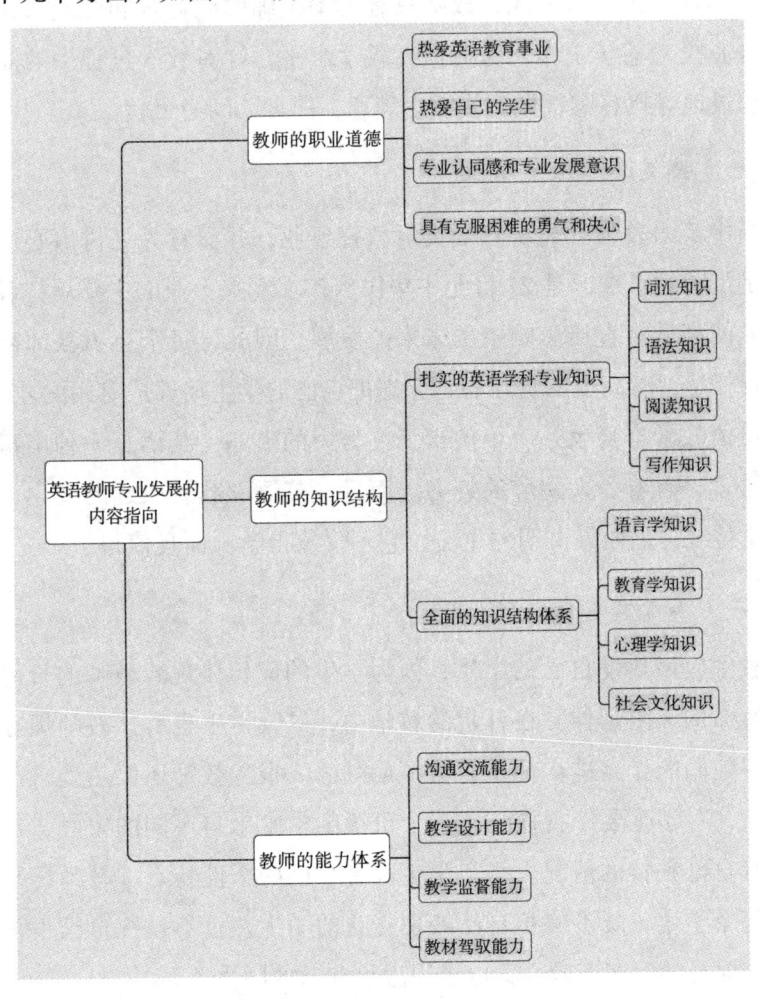

```
英语教师专业发展的内容指向
├── 教师的职业道德
│   ├── 热爱英语教育事业
│   ├── 热爱自己的学生
│   ├── 专业认同感和专业发展意识
│   └── 具有克服困难的勇气和决心
├── 教师的知识结构
│   ├── 扎实的英语学科专业知识
│   │   ├── 词汇知识
│   │   ├── 语法知识
│   │   ├── 阅读知识
│   │   └── 写作知识
│   └── 全面的知识结构体系
│       ├── 语言学知识
│       ├── 教育学知识
│       ├── 心理学知识
│       └── 社会文化知识
└── 教师的能力体系
    ├── 沟通交流能力
    ├── 教学设计能力
    ├── 教学监督能力
    └── 教材驾驭能力
```

图 8-1　英语教师专业发展的内容指向

一、教师的职业道德

教师对职业的热爱、对学生的关心和尊重、对工作认真负责的态度，都是教师持续进步和发展的原动力。当教师从事的教育工作成为自己生命的重要组成部分时，当外语教师完全驾驭了推动其发展的外部积极因素，摆脱了消极因素的束缚时，外语教育和教学就不再仅仅是职责，而是一种享受和快乐。因此，教师只有具备正确的职业观和职业道德，才会全身心投入教学工作，努力提高教学水平，针对教学过程中的问题和困扰积极地寻找答案，做到使学生满意，使自己问心无愧。

（一）热爱英语教育事业

高中英语教师首先要热爱英语教育事业，并愿意为之付出心血。青少年是祖国的未来，是 21 世纪中华民族伟大复兴事业的主要承担者，他们素质的高低将直接影响中国未来的发展。因此，每个英语教师都要有一种责任感，有高度的责任心，立志把自己的学生培养成有用之才。

英语教学本身也是一个值得为之努力的事业，英语是一种丰富、优美的语言，有着令人陶醉的魅力。而且，英语承载着久远的文化、伟大的文学传统，是西方文明的主流，它不仅值得学，而且值得教。

（二）热爱自己的学生

教师应该热爱自己的学生，因为学生的成长体现着教师的价值，是教师生命的无限延伸。在日常的教学中，尽管学生也有让教师烦心的时候，但他们的点滴进步都是对教师最好的回报。教师还要热爱自己的每个学生，对学生要一视同仁。一个班级的学生来自不同的家庭，每个家庭都有自己独特的情况。每个学生也有自己的个性特点，教师要平等地对待每个学生，既不偏袒自己特别喜欢的学生，也不歧视自己不喜欢的学生，要对学生充满爱心，以求得融洽和谐的师生关系。

教师热爱自己的学生不仅是职业道德的体现，还是教育效果的重要保障。热爱学生意味着教师能够更深入地了解学生的需求、兴趣和困惑，从而为他们提供更贴心、更有针对性的教育指导。当教师对学生充满热情和关心时，他们更容易建立起深厚的师生关系，这种关系将为学生创造一个充满支持和鼓励的学习环境，帮助学生建立自信，克服学习中的障碍。而学生也能够从中感受到来自教师的真诚关心和期望，从而产生更强烈的学习动力和归属感。另外，当教师深爱学生时，他们自然会为学生提供更多的学习机会和资源，关注学生的成长和发展，持续地寻找更好的教学方法，不断完善自己，以满足学生的需求。

（三）专业认同感和专业发展意识

在教师的职业道德体系中，除了对教育事业和学生的热爱外，还应该建立正确的专业认同感和专业发展意识。专业认同有助于教师明确自身的定位，以专业身份的标准来自我要求、自我管理、自我约束和自我规划。教师一旦建立了相关专业的认同感，就会把自己看作专业发展的主体，不断谋求自身发展的动力和途径。他不会满足于现有的知识储备和教学水平，更不会安于现状、墨守成规、故步自封，而会以发展的眼光审视变化的教学环境、教学目标、教学对象和教学内容，在实践中不断更新理念，提升教学和科研水平，把英语教学和研究当作实现个人理想的终身事业来完成。相反，如果教师缺乏对职业的专业认同感，就会迷失职业生涯的目标，缺乏发展的动力，投入工作的热情明显不足。

具体到高中英语教学中，教师建立专业认同感至关重要，因为它关系到教师的教育热情、职业满意度和对学生的教育质量。专业认同感意味着教师对自己从事的职业和其重要性有着深刻认识，他们明白自己的角色不仅仅是传授语言知识，更是培养学生的全球化思维、跨文化交流能力的引导者。当教师对自己的工作有强烈认同感时，他们更容易全情投入，用心去寻找和应用最佳的教学方法，鼓励学生勇敢尝试和创新，并努力为学生提供一个开放、多元和富有挑战性的学习环境。这种对职业的深沉情感与责任感会使教师不断地追求卓越，为学生提供更高质量的教育。

另外，高中英语教师还要具备强烈的专业发展意识。教育界的知识和技术在不断更新与进步，尤其是在英语教学领域，新的教学方法、技术和文化交流都需要教师及时吸纳与运用。通常来说，拥有专业发展意识的教师会积极参与各种教育培训、学术交流和研究活动，不断地丰富和更新自己的教育理念与教学策略，以确保自己能够始终站在教育前沿，这样不仅能提高教师自身的教育水平和影响力，还能为学生带来更先进和科学的教育，帮助他们更好地适应快速变化的世界，培养他们的终身学习能力和全球化素养。

（四）具有克服困难的勇气和决心

在意志方面，教师要具有克服困难的勇气和决心。青少年在学习英语的过程中会出现各种各样的问题，许多问题是无法从书本中找到答案的，这就需要教师培养自己良好的意志，不断地在教学实践中探索解决问题的方法。客观上讲，英语学习是一个漫长的过程，世界上没有一种所谓的速成秘方，能够使学生迅速地学会英语。这需要学生有恒心，也需要教师具有持之以恒的毅力。这种持之以恒的毅力还表现在教师自身的提高方面。一个优秀教师需要在教学实践的过程中不断发现问题、解决问题；不断地通过学习研究，提高自己的教学水平。每个教师都是生活在这个社会中的人，每个人在生活中都有自己烦恼的时候，教师要善于控制自己的情绪，不要把不良的情绪带进课堂。

二、教师的知识结构

（一）扎实的英语学科专业知识

1. 词汇知识

（1）英语词汇的形态结构。英语教师需要了解词的各种构成要素及其称谓。词汇形态结构涉及单词的词根、词缀、派生、转化等方面，对于单词意义的深入理解和正确使用起决定性作用。对教师而言，深入了解这些形态结构可以更准确、更生动地传授给学生，帮助他们更快速地进行记忆并理解大量的词汇。了解词汇的形态结构，还能帮助学生通过一个已知单词派生出其他相关词汇，从而提高他们的语言创造力和表达能力。教师若能在教学中融入这些词汇结构知识，不仅能提高课堂教学的质量和效率，还能激发学生对英语学习的兴趣，培养他们的自主学习能力和发掘能力，进而更好地为其后续学习和未来的英语应用打下坚实的基础。

（2）英语构词法。英语单词构成有其规律，只有很好地掌握了构词规律，才可以高效、准确地记忆单词，这是英语教师想要取得良好教学效果需要着重研究的教学内容。

（3）词类。高中英语教师需要对英语词类有一个全面的掌握。词类又叫词性，根据不同的标准可以进行不同的分类。一般来说，英语单词可以根据在句子中的功用分成十大类：名词、形容词、副词、动词、代词、数词、冠词、介词、连词、叹词。

（4）词义与语境。词义，一个词的最初的含义称作"本义"。以本义为出发点，根据它反映的事物或现象的各个特点，词在它的发展过程中又会产生若干个与本义相关但并不相同的意义，这就是词的引申义。语境即言语环境，它包括语言因素，也包括非语言因素。上下文、时间、空间、情境、对象、话语前提等与词语使用有关的都是语境因素。语境对词义的作用主要表现在消除歧义、限定所指、提供猜词线索三个方面。

（5）英语习语。语言是文化的载体，"习语"又是语言的精华，是一门语言不可或缺的重要组成部分。习语一词的含义甚广，一般指那些常用在一起、具有特定形式的词组，其蕴含的意义往往不能从词组中单个词的意思推测而得。英语习语的教学直接关系到学生英语运用能力的提升，因此，高中英语教师应该对习语有一个相对深入的认识。

2. 语法知识

语法是研究语言结构规律的科学，它说明该语言中词、短语等语言成分是如何结合起来形成句的。英语语法通常包括问法和句法两部分。前者是指用的结构、形式和类别的变化，如名词和代词的数、格、性，动词的人称、时态、语态、语气，形容词和副词的比较等级，等等。后者是指句子中词以上的语言形式的排列组合规则，包括词与词的关系、词的排列、短语和句子的组成以及句子成分等。

语法是语言的骨架，它为英语的表达提供了结构与规则，从而能够确保语言的清晰与准确。高中生正处于深入学习英语、准备大学英语及各类考试的关键阶段，此时，他们不再满足于简单的日常交流，而是要能够进行复杂的思考、写作和阅读，这都离不开对语法的深入理解。教师如果掌握不牢固，就可能会误导学生，使他们形成错误的语言习惯，进而影响学生的英语应用能力和未来学习。更关键的是，教师牢固的语法知识将为他们在教学中提供信心，使其能够应对学生的各种提问，有效地解释语言现象，引导学生探索语言深层次的结构和意义。此外，只有深入了解语法，教师才能设计出更恰当、更有深度的教学活动，培养学生的语言分析和运用能力，为他们打下坚实的英语学习基础。

3. 阅读知识

在高中英语教学中，阅读理解是一个核心部分，涉及学生获取信息、批判性思考和应用所学知识的能力。对于高中英语教师来说，牢固掌握英语阅读知识不仅仅是教授技能的必备条件，更是培养学生批判性思维和自主学习能力的关键。第一，阅读是最主要的知识获取方式之一。当教师精通各种阅读策略和技巧时，他们能够有效地教授学生如何在复杂文章中提取关键信息，如何对信息进行分析和整合，以及如何对所读内容进行评估。第二，高中生正处于一个关键的思维发展阶段，他们开始从事高阶思维，如分析、评估和创造。通过阅读训练，学生可以更好地对接收信息进行批判性思考，培养自己的观点和见解。第三，随着社会的发展和科技的进步，现代社会对于每个个体的自主学习能力有着更高的要求。英语阅读知识的掌握能够帮助学生更好地获取和处理信息，培养其终身学习的能力。因此，高中英语教师必须牢固掌握英语阅读知识，以确保他们能够为学生提供高效、高质量的教学，培养他们的能力和兴趣，为他们未来的学术和职业生涯奠定坚实的基础。英语教师需要掌握的阅读知识点主要包括以下几个方面。

（1）文体及结构知识。文体一般有四种，即记叙文、说明文、议论文和应用文，在写法上它们都有各自的写作方法和结构特点。

（2）文化背景知识。文化背景包括政治、经济、社会、科学技术、天气情况、地理环境、人物的性格特点及知识水平等各个方面。

（3）生活经验。阅读理解的能力一般会随着生活经验的丰富而不断提高。

（4）习语及固定搭配。每种语言都有自己的习惯用语和固定搭配。一般情况下，这些习惯用语和固定搭配是不能单从字面意思来理解的，英语也是如此。这就要求英语教师在平日的英语学习与教学中应该进行广泛的阅读，积累、掌握英语中的习语及固定搭配。

4. 写作知识

对于高中英语教师来说，牢固掌握英语写作知识意味着更好地培育学生的思维逻辑、语言组织以及表达能力。写作是语言输出与运用的直接体现。一个教师对写作的深入理解和掌握可以帮助学生克服词汇、语法与句型结构的障碍，使他们流畅和准确地进行英语表达。英语写作也能培养学生的组织逻辑和论证能力。当教师深入理解写作的结构和技巧时，他们便能够教导学生如何清晰、连贯地组织文章，如何有效地阐述观点，以及如何采用适当的论据支持自己的论点。英语写作是学生自我表达的重要途径。一个掌握写作技能的教师可以指导学生如何更好地描述自己的经验、情感和观点，使他们的文字更具感染力和说服力，也可以真正做到理论与实践相结合，真正用书面的形式检验自身对于英语基础知识的把握。英语教师知识体系中的写作知识部分主要包含以下几个要点。

（1）英语写作训练的目的。教师若想更好地指导学生进行写作，自身首先要对写作目的有一个精准的把握。在英语教学中，英语写作训练一般包括两个方面：一是语言基础方面的训练，即语法、句法等方面的基本功；二是写作知识和能力方面的训练，即写作的基本理论和技巧。

（2）英语的思维方式。中国人用英语写作还面临着思维方式的转变问题，不熟悉英语语言思维方式的人，无论有何等"高超"的写作技巧，都不可能创造出优美地道的英文作品。英语思维不仅仅是语言的转换，它还涉及文化、逻辑结构、表达习惯等多方面的差异。一个真正具备英语思维的教师，能够帮助学生跳出母语的框架，更加自然和地道地使用英语进行表达。这样的教师能够更准确地指导学生识别和避免中式英语的误区，如直译、词汇误用、逻辑混乱等常见问题。与此同时，英语思维也与英语写作中的思考逻辑、句子结构、修辞手法等紧密相关，这使得学生在写作时能够更好地符合英语国家的写作习惯和读者期望。除此之外，英语思维还涉及对英语国家文化、价值观、社交习惯的深入理解，这有助于学生在写作时选择更合适的内容、角度和语境，使其文章更具说服力和吸引力。

（3）英语语言的功底。英语语言的功底是指对这门语言中各种语言知识的掌握和运用能力，其中包括用词的准确和精练、修辞手段的自如运用、时态的准确以及语法和句法结构的熟练掌握等。

（4）汉语、英语用词和表达习惯的不同。由于汉语、英语是两种不同的语言体系，词汇的使用和词义，在许多情况下会有很大不同。具体来说，同一个汉语词的意义在译成英语时，要使用不同的英语来表达。反之，同一个英语词译成汉语时，也可能有不同的译义。

（二）全面的知识结构体系

1. 语言学知识

语言学为教师提供了对语言结构、语言发展、语言使用和语言变化的深入了解，使教师能够更系统、更科学地掌握英语的本质和规律。当教师对词汇、语法、语音等基础知识有了较为清晰、深入的理解时，他们才能为学生呈现出连贯、得体、准确、生动的教学内容。语言学知识有助于教师更好地理解学生的语言习得过程，如第二语言习得的特点、母语对第二语言学习的影响等，从而能够更有针对性地设计教学策略，帮助学生克服学习中的困难。除此之外，具备语言学知识的教师更容易对学生的错误进行准确分析，为学生提供更科学、更有效的反馈，促进他们的语言发展。作为专业的英语教师，对语言学有深入的了解和研究不仅能够提升其在教育领域的权威性和影响力，还能为其未来的教育研究和教育实践奠定坚实的基础。结合上述内容可以看出，语言学知识是高中英语教师专业素养的重要组成部分，对于其教育实践和专业发展都具有不可替代的作用。

2. 教育学知识

在高中英语教学中，英语教师不仅是语言的传授者，还是学生个体发展的引导者和心灵的启迪者。因此，具备教育学知识对于英语教师来说尤为关键。教育学作为研究人类学习和教育的科学，为教师提供了一系列教育理论和实践方法，助力教师更深入地了解学生的心理、认知和情感需求。通过掌握教育学知识，教师可以更科学地制定教育目标、设计教学活动和评估教学效果，以确保教学活动与学生的实际需求相契合。教育学还涉及学习动机、学习策略、团体动态等方面的研究，这些知识可以帮助教师更有效地激发学生的学习兴趣，提高教学的吸引力和参与度。当教师具备教育学知识时，他们便能够为学生提供个性化的支持和引导，从而促进学生的全面发展。

对于英语教师的专业发展来说，教育学知识同样具有重要意义。在高中英语教学中，教师经常会遇到各种教育问题和挑战，而教育学知识为教师提供了一个研究和解决这些问题的理论框架与实践工具，通过运用教育学知识，教师可以更科学、更系统地反思自己的教学实践，发现存在的问题，设计和实施相应的改进措施。除此之外，教育学知识还可以帮助教师更好地与同事、学生和家长沟通，构建积极的教育合作关系。在教师的专业发展道路上，教育学知识不仅可以帮助他们提高教学水平，还可以为他们的教育研究和教育实践提供有力支持。

3. 心理学知识

在高中英语教学中，英语教师面对的不仅是语言的教与学，还涉及与学生之间的复杂互动、学生的学习心态、学习动机、情感调适等多种心理因素。心理学知识对于高中英语教师而言，可以说是教育实践中的一把利器。首先，通过掌握心理学知识，教师可以更准确地理解学生的认知和情感发展特点，从而为其提供更贴心的教学支持服务。举例来说，了解学生的认知发展阶段、学习风格和动机理论可以帮助教师更有针对性地设计教学活动，调动学生的学习积极性，提高学习效果。在此期间，对于学生在学习中遇到的焦虑、挫败感等负面情绪，教师也可以运用心理学知识进行有效的干预，帮助学生建立健康的学习心态，促进其自我调适和情感健康。

心理学知识对于教师专业发展发挥着不可或缺的作用，随着教育实践的深入开展，教师不仅要面对学生的教学问题，还要面对自己的教育信念、教学态度、职业压力等心理挑战。通过学习心理学，教师可以更深入地反思自己的教育实践，发现并解决存在的心理障碍，促进自身的教育情感和教育行为的健康发展。心理学知识还可以帮助教师更好地与学生、家长、同事建立和谐的互动关系，从而提高教育合作的效果。在教师的职业生涯中，面对教育的挑战和压力，心理学知识可以为其提供强大的心理支持，帮助其维持教育热情，实现教育的长远发展。总之，心理学知识对于高中英语教师的教育实践和专业发展都具有深远意义。

4. 社会文化知识

高中英语教学虽然在教学内容主体上是语言知识与技能的传授，但英语作为一门语言，其背后承载着丰富的社会文化价值。在当今的全球化背景下，英语已经不仅是一门语言，还是一个承载着丰富社会文化信息的交流载体。因此，高中英语教师若想为学生提供更加深入、全面的英语教学，就必须对相关的社会文化知识有深入的了解。具体来说，当教师在教授某个语言点时，如果能结合其背后的文化背景、历史沿革、社会意义等内容进行讲解，不仅可以激发学生的学习兴趣，还可以帮助学生更全面、更深入地理解和掌握该语言点。除此之外，了解社会文化知识还可以帮助教师更好地设计教学活动，如模拟真实的交流场景、组织文化体验活动等，从而进一步提高教学的实效性和趣味性。

英语教师专业发展的重要内容之一就是丰富自身的社会文化知识。对于教师来说，了解社会文化知识不仅可以丰富其教育资源，而且可以拓宽其教育视野，帮助其更全面、更深入地理解和应用英语教学理论与方法。与此同时，随着教育日趋国际化，高中英语教师越来越多地参与到国际教育交流和合作中，而社会文化知识则为其提供了强大的交流和合作工具，帮助其更有效地与国际同行建立和维持合作关系，进而提升教育的国际影响力。总的来说，社会文化知识对于高中英语教师的教育实践和专业发展都具有深远的意义。

三、教师的能力体系

（一）沟通交流能力

在高中英语教学中，沟通交流能力对于教师来说是至关重要的。现代教育教学理论已经不再把教学视为知识输出和接收的过程，而是师生之间交流和对话的过程。所以，国内有学者提出"教育即交流"的命题，认为教育的过程实质上就是师生沟通的过程。在日常教学中，同一堂课，相同的教学内容，面对相同的学生，有的教师能使课堂教学气氛活跃起来，有的教师的课堂教学气氛却死气沉沉，其主要原因是教师沟通能力存在差异，无效或低效的沟通直接影响了教师的教学效能。因此，良好的沟通交流能力对于教师来说是最基础的能力。

教学本质上就是一个传递信息、分享知识和深化理解的过程，而有效沟通是实现这一过程的关键。教师需要清晰、准确地表达教学内容，以确保学生可以理解和吸收。随着新课改的不断推进，教育理念也处于变革之中，以学生为中心的教学模式越来越受到教师的重视，这就要求教师不仅能够传授知识，还能够听取学生的意见、答疑解惑、引导讨论等，这都需要教师具备高效的沟通技巧。而作为英语教学来说，语言学习不仅仅是知识的积累，更是一种交流工具的掌握，因此，高中英语教师还要利用自己的沟通交流能力，为学生创设一个实际、生动的语言应用情境，引导学生在实际交流中运用和提高自己的英语能力。

新课改的推进对于高中英语教师沟通交流能力有着更高的要求，教师不能再像以往一样单纯地进行语言知识的单向传输，而是要充分运用多种教学技巧，优化高中英语教学模式。高中英语教师在日常工作中，不仅要与学生进行沟通，还要与家长、同事、校领导以及其他教育工作者进行交流合作，能够有效沟通的教师更容易得到家长和同事的支持与认可，建立和维护良好的教育合作关系。众所周知，教育是一个不断发展、不断创新的领域，教师需要通过参加各种培训、研讨、交流等活动，持续提高自己的教育教学水平。在这些活动中，沟通交流能力是教师展现自己、学习新知、与他人合作的重要工具。无论是为了高效地教学还是为了自身的专业发展，高中英语教师都应该重视并不断提高自己的沟通能力。

（二）教学设计能力

在高中英语教学中，教学设计能力对于教师而言具有重大意义。教学设计是确保教学质量、提高教学效果的关键环节。合理的教学设计不仅可以确保教学内容连贯、有逻辑，而且可以帮助学生从整体和局部两个层面系统地、有层次地掌握知识。具备教学设计能力的教师，能够更明确地确定教学目标、选择适当的教学策略和方法、安排恰当的教学时间与节奏，并能够针对学生的学习特点和需要，创设各种案例、实践活动等，以使教学更具启发性和吸引力。除此之外，随着教育技术的发展和多元化教学模式的兴起，教学设计不再仅仅是关于传统课堂的布局，它涉及线上与线下的结合、多媒体的应用、跨文化的融合等，这些都要求教师具备高水平的教学设计能力，以满足现代学生的多样化学习需求。

面对一个特定的教学任务，教师如何组织教材，如何设计教学程序，采用何种教学方法和技术来开展教学显得尤为重要。好的课堂设计可以使课堂教学变得妙趣横生，可以一下子紧紧抓住学生的注意力，激发出学生的求知欲望。虽然教学设计能力的高低与操作性知识的多少是密不可分的，但是，操作性知识丰富并不意味着教学设计能力强。英语教师要有意识地加强有关教学设计的研讨，不同的教学设计理念、不同的教学活动选择、不同教学媒体的运用都会在很大程度上影响教学效果，从而影响学生英语能力的习得、巩固和提升。

教学设计能力的锻炼和提高对教师来说是一个持续的专业成长过程。随着社会的发展和教育的改革，教师面临的教育环境和学生特点都在不断变化，这要求教师需要不断地对自己的教学进行反思、调整和创新。具备教学设计能力，使教师能够更敏感地捕捉到这些变化，及时调整自己的教学策略，以确保教学质量。与此同时，优秀教学设计能够为教师赢得更多的认同和尊重，提升他们在同行中的竞争力。更重要的是，教学设计的过程也是教师自我学习、自我提高的过程，它可以促使教师深入研究教育学、心理学、语言学等学科知识，丰富自己的教育教学理论，从而为长远的专业发展奠定坚实的基础。

（三）教学监督能力

一堂课能否顺利展开，能否取得预期的教学效果，不仅有赖于教师的沟通能力和教学设计能力，而且与教师的课堂管理能力密切相关。教学监督能力是教师的核心能力。在一个有着几十名学生的班级里，如果教师没有很强的课堂监督能力，那么要实施有效的课堂教学几乎是不可能的。如何有效地推进各种教学活动，如何确保各类学生在学习过程中都在各自起点上取得应有的进步，如何确保小组合作学习有效实施，等等，都需要英语教师具备较强的教学监督能力。这种教学监督能力其实是一种综合能力的体现，它没有明确的章法可以遵循，运用之妙，存乎于心，但是要做到随机应变、游刃有余却非易事。

在新课改背景下的高中英语教学中，教师的教学监督能力不仅关乎对课堂进程的控制，更重要的是对教学效果、学生的学习进度和课堂互动的持续评估与调整。高中英语教师必须在授课时对学生的反应、参与度和理解程度保持敏锐的觉察，以确保教学内容与方法的实时调整以适应学生的学习需要。只有这样，教师才能确保每个学生都能够在课堂中获得最大的收益，并真正达到教学的预期目标。除此之外，教学监督还与课堂教学管理密切相关。一个有序、积极的课堂教学氛围是高效教学的基石，而要创造这样的环境，教师需要对学生的行为、情感和思考有足够的了解与掌控，及时处理课堂冲突，激发学生的学习热情，从而确保课堂教学的平稳进行。

持续的教学监督和反思能让教师明确自己在教学中的优势和不足，为自己的专业成长提供有价值的反馈。随着时间的推移，经验丰富的教师可以根据自己对教学监督的认知和经验，更有针对性地进行教育研究，进一步提高自己的教学水平。具备强大教学监督能力的教师更有可能在教育界获得认可，成为行业的领军人物，进而为英语教学领域带来更多的创新和发展。因此，对于那些渴望在教育领域有所作为的英语教师来说，持续提高自己的教学监督能力，不仅是提高教学质量的关键，还是实现自身职业发展的重要途径。

（四）教材驾驭能力

教材是教师教学最重要的辅助工具，在英语教学实践过程中，教材是关键的组成部分。教材直接体现着教学内容，影响着教学方法。当提到教材时，人们首先想到的往往是教科书，但随着教学理念的不断发展，教材的含义已经不再局限于教科书。教材的定义有广义与狭义之分，广义的教材则指在英语教学实践中较适合学生使用的所有教学材料，包括教科书以及各种教学辅助书籍和材料。狭义的教材往往指的是教科书。

教材是教与学过程中的重要桥梁，它不仅为学生提供了学习内容，也为教师指明了教学方向。高中英语教师必须具备较强的教材驾驭能力，因为这决定了他们能否根据教材设计出合理、高效的教学计划和策略。掌握教材意味着能够深入理解每一单元的核心知识点、技能和文化内涵，也能够灵活地根据学生的学习情况进行调整和扩展。仅仅遵循教材的字面意思进行教学，往往会忽略学生的实际需求和差异，而真正的教材驾驭能力能让教师超越教材的表面，根据教育目标和学生的特点，对教材进行有针对性的改编和拓展，使其更加贴近学生的实际，更有利于学生的深入学习和应用。

一名能够灵活运用和改编教材的教师，往往更有可能在教育实践中创新，为学生提供更加丰富多样的学习经验。随着新课改的不断推进和教育技术的快速发展，新的教学资源和工具将会层出不穷，教师需要不断地更新自己的教材知识和技能，以确保自己在教学中能够始终保持领先地位。在这个过程中，教材驾驭能力不仅能帮助教师更好地应对教育变革，也能为他们打开更广阔的职业发展空间。

英语教师的教学内容、教学方法和教学思维既源于教材，又超越教材，教师以教材为基础向学生传达英语的语言知识和语言技能。因此，优秀的英语教师必须拥有熟练的教材驾驭能力，能够充分利用教材辅助英语教学，而不是仅将教学模式局限在教材的框架之内。教师对于教材的把控和驾驭能力主要体现在教材的选择和教材的使用两个方面。

英语教师还需要根据实际教学需要和学生的学习特点选择辅助教材，这需要教师必须具有基本的教材评价能力。教材评价一般包括六个方面的内容：教学的指导思想，采用的教学方法，教材内容的选择和安排，教材的组成部分，教材设计，教材中语言素材的真实性和地道性。

在教材的使用能力方面，英语教师需要具备以下能力。

第一，对教材内容进行适当的补充和删减。在教学中，教师可以根据需要对教材内容进行适当的补充和删减，使课堂教学内容更加贴近学生的实际需要。

第二，替换教学内容和活动。在高中英语教学中，教师可以基于教材替换教学内容和活动。

第三，扩展教学内容或活动步骤。在高中英语教学中，教师不应该局限于教材之中，而是要根据实际需要适当地跳脱教材之外扩展教学内容或活动步骤，基于教材但不能被教材所束缚。

第四，调整教学顺序。在高中英语教学中，教师可以基于实践对教材内容的顺序进行适当调整，这样有利于提高教学效果。这里的实践包括学生的英语基础，学生的认知水平，学校的教学资源以及时事新闻，等等。

第五，调整教学方法。教师要注意根据实际需要和教学要求调整教学方法，灵活利用教材而不是被教材牵着鼻子走。

第六，总结教材使用情况。教材使用一段时间以后，教师应该及时对教材使用情况进行总结分析。

第三节　信息技术"赋能"英语教师专业发展的路径

一、信息技术环境下英语教师专业发展的必要性

（一）信息技术发展的要求

专业发展是时代对信息技术环境下的教师提出的要求。随着社会信息化程度的提高，社会对于信息人才的需求越来越大、要求越来越高。信息社会所需的人才必须具备良好的信息素养，教师自然也不例外。

在当今这个信息化快速发展的时代，高中英语教师不仅需要具备传统的教学知识和技能，还需要不断地在信息技术领域或者借助信息技术促进自身的专业化发展。作为外语教师，他们更应成为跨文化交流和全球化趋势中的佼佼者。因此，英语教师需要学会如何利用各种现代信息技术工具，如在线教育平台、数字教学资源和社交媒体，来优化教学方法，拓宽学生的国际视野，提高他们的跨文化交流能力。具体来说，教师可以利用在线平台邀请国外的英语母语教师或专家进行实时视频交流，或者组织学生参与国际在线项目，与世界各地的同龄人进行合作学习。如此一来，学生不仅可以真实、深入地了解外国文化，还可以提高自己的信息素养和跨文化沟通能力。

在教学实践中，英语教师还应当认识到，信息技术不仅是教学的工具，其本身也与教学内容充分融合在了一起，教师不仅要教给学生英语知识，还要培养学生的信息素养，教会他们如何在这个数字时代中批判性地思考，有效地获取和使用信息。为了做到这一点，教师首先要让自己成为一个终身学习者，不断更新自己的知识和技能，掌握最新的教育理念和技术趋势。只有这样，他们才能真正跟上时代的步伐，成为现代信息社会所需的、具备高度专业素质的教育工作者。而只有这样的教师，

才能为学生提供真正有意义的、适应未来社会需求的教育，培养出能够在全球化和信息化背景下脱颖而出的人才。

（二）教育实践的转变

信息技术的发展使得知识获取的渠道与方式均发生了巨大改变，这也直接影响了教育活动，对教育理念、教学方式、管理方式、评价方式等均产生了巨大影响。

在当今这个信息时代，高中英语教师的角色不再局限于传统的"知识提供者"，新课程要求教师转换角色，由单纯知识的传授者变为学生学习的指导者，这意味着教师不仅要具备丰富的英语知识，还要具备教学方法论、心理学、技术应用等跨学科知识。更重要的是，教师需要具备一种"成长型思维"，即不断地学习、反思、调整教学方法，与时俱进，而这种成长型思维的形成与发展，都与信息技术快速发展这一时代的突出特征紧密结合在一起。例如，教师可以利用信息技术工具，如智能教育平台、在线资源等，创设一个真实、有意义和与时俱进的学习环境，使学生能够在这样的环境中自主、合作地学习，发展批判性思维、创造性思维和跨文化交流能力。

当今时代的教育理念由"以教为中心"向"以学为中心"转变，这对教师提出了更高的要求，教师必须有更宽的知识面和更精深的专业知识，以适应未来教学的需要。对于高中英语教师来说，只有当他们能够真正理解并接受"以学为中心"的教育理念时，才能真正为学生提供高质量的教育。通常来说，教师不仅要教授语言知识，还要培养学生的学习能力、思维能力、人际交往能力等。这也要求教师应该具备精深的专业知识，能够从多个维度、多个层次来指导学生的学习。以英语写作教学为例，当学生在学习英语写作时，教师不仅要教授写作技巧，还要引导学生如何进行思辨、如何发表自己的观点、如何与他人进行有效的沟通等。因此，教师不仅要具备深厚的英语专业知识，还要具备教育学、心理学、社会学等跨学科知识，能够全面、深入地了解学生，为他们提供真正有意义的、适合他们发展需要的教育。在这一过程中，信息技术为教学实践的转变带来了巨大的推动作用。

二、信息技术环境下英语教师专业发展的路径探索

（一）加强教师培训

打造高水平的师资队伍，最主要的途径就是教师培训。培训不仅仅是对教师的专业知识进行补充或更新，更是为教师提供一个与时俱进、与社会接轨，并与其他教育工作者交流经验和观点的平台。因此，教师培训活动的组织不应是形式化的，而应是持续、系统并注重效果的。

组织定期的培训活动需要为教师提供一个稳定、连续的学习和成长环境。在这样的环境中，教师可以根据自己的需要和实际教学情况，选择相应的培训内容。例如，对于初入教育行业的年轻教师来说，他们可能更需要对教育的基本理论进行深入学习；而对于经验丰富的资深教师来说，他们则可能更加关注新的教学方法或策略。同时，先进的教学理念、方法和实践经验不应停留在理论层面，而应与教师的实际教学紧密结合，使其能够在课堂上得到真正的应用。为了确保这一点，培训活动应强调案例分析、情境教学和小组讨论等实践性较强的教学方式。

促进教师专业发展，打造高水平师资队伍，还应建立多元化的培训方式。传统的面对面培训方式虽然有效，但不能满足所有教师的需求。因此，需要采用多元化的培训方式，如在线培训、混合式培训、研讨会等，以满足教师不同的学习风格和时间安排。通常来说，促进培训方式的多元化发展，可以利用互联网和数字技术，提供教师在线学习的机会。在线培训可以提供灵活的学习时间和地点，教师可以根据自己的时间安排选择适合的学习内容和学习进度。在线培训可以包括在线课程、教学资源的共享平台、虚拟讨论和互动等。与此同时，还可以结合传统面对

面培训和在线培训的方式，使教师能够在面对面交流和互动的同时，利用在线资源进行学习和扩展。

互联网与信息技术在教师职业培训中发挥着巨大的作用，主要体现在以下几个方面。

1. 信息技术为教师培训提供了更加便捷和高效的途径

信息技术的介入已经彻底改变了教师培训的面貌，为教师带来了前所未有的学习机会和自由度。以往，当教师想要参与某个专业发展的活动或进修课程时，他们常常需要付出大量的旅途成本和时间成本，这不仅增加了教师的时间和经济的负担，还可能因为诸多不可预知的因素影响学习质量。如今，借助在线教育平台和远程视频会议技术，教师可以足不出户，就能够参与全球最先进的教育培训。这种方式不仅大大节省了时间和资源，还为教师提供了一个灵活、个性化的学习环境。他们可以根据自己的时间安排学习计划，不受固定课程时间的限制，而且可以接触到更多的国际化资源和多元的教育理念。

2. 信息技术为教师培训提供了更加丰富多样的资源

在过去，教师培训的内容和方式往往受地理、文化与资源的限制，但现在，通过互联网，这些界限已经被打破。无论身处何地，教师都可以轻松地访问来自世界各地的顶尖教育资源，从而在思想和实践上都得到全球化的启发。这不仅为教师提供了一个巨大的知识库，还为他们创造了一个多元文化交流的平台，让他们能够更加深入地学习与理解不同文化和教育传统下的教学方法。而那些以前被视为枯燥乏味的培训内容，现在通过多媒体和互动技术得到了生动呈现，促使教师更加投入地参与其中，这种情境化和体验式的培训方式，不仅使得培训内容更加贴近实际，还能够激发教师的学习兴趣，帮助他们更有效地将新知识和技能融入自己的教学实践。

3. 信息技术提高了教师培训的个性化和针对性

在当前的信息时代，个性化已成为教育领域的核心理念，不仅是教学实践，教师培训同样也需要遵循个性化的原则，信息技术在这一转变中发挥了至关重要的作用。传统的教师培训模式，往往采用"一刀切"的方式，很难满足不同教师的个体化需求。然而，随着数据分析和人工智能技术的发展，我们现在有能力深入了解每位教师的学习风格、能力短板和兴趣点。举例来说，通过对教师在培训平台上的行为数据进行分析，培训机构可以识别哪些教材或方法最受教师喜欢，哪些领域的知识他们需要强化。如此一来，不仅能为教师提供更具针对性的资源和教学策略，还能在他们遇到困难时及时为其提供支持，从而提高培训的有效性。除此之外，人工智能技术还可以根据教师的反馈和进度实时调整培训计划，确保每位教师都能在适合自己的节奏和方式下进行学习。可以说，借助信息技术，不仅可以为教师提供丰富的学习资源，还可以确保这些资源能够精准地满足他们的个性化需求，助力他们实现更高效、更有意义的专业成长。

（二）重视校本培训

1. 校本培训的内涵

校本培训是指学校从自身发展需要和教师的实际需求出发，立足于教学实践，充分利用校内外资源，组织发起的旨在促进学校教育质量提升和教师专业发展的培训活动。由于校本培训是实现教师专业化发展的有效路径，受到广大教师的普遍欢迎。鉴于此，学校应该定期举办英语教师培训活动，充分利用校内外的各种资源，使英语教师能够在交流与互动中讨论教学过程中出现的各类问题，学习到英语教学的先进经验，使自己的专业知识和教学能力得到提升。

欧洲教师教育协会认为，校本培训是指学校出于教学课程安排与教学总体规划的需要，组织实施的旨在全面提升教师素质，满足教师发展需求的校内培训活动。具体包括以下四个方面的内容。

第一，校本培训的目的是达到学校的教学要求。

第二，校本培训由学校组织发起，其实施主体是学校，学校拥有充分的自主权。

第三，校本培训在满足学校发展需要的同时，也要满足教师的自我发展需求。

第四，校本培训的组织地点以学校为最佳。

校本培训从词语结构上来说由两部分构成，即"校本"与"培训"。"校本"指的是以学校为本，主要体现在以下三个方面。

第一，校本培训为了学校，校本培训的目的是促进学校和教师的发展，因此，开展校本培训的出发点应该是解决学校和教师在实际教学中遇到的困难，实现学校整体教育质量的提高。

第二，学校是校本培训的主体，校本培训基于学校，校本培训的所有活动内容必须从学校和教师的实际需求出发，根据教学实践的实际情况，自主确定培训的内容和组织方式，从而促进学校与教师的共同发展。

第三，校本培训需要立足学校，立足具体的教学实践。校本培训不是纸上谈兵，其成果需要在具体的教学实践中来检验。因此，校本培训的过程中不能脱离学校，应该将培训理论应用于学校教学的实际，发现教学过程中的问题，并分析与解决问题。

2. 校本培训的优点

校本培训与传统的教育培训和职业技能培训不同，具有诸多独特的优点，主要体现在以下四个方面。

第一，校本培训从学校和教师的发展需要出发，对于具体教学实践具有良好的指导作用。

第二，校本培训中学校和教师的自主性强，可以灵活选择适合自身的培训方式与内容。

第三，在校本培训中，教师不仅是学习者，还是培训的制定者与参与者。这样的培训方式是平等、灵活的，可以提升教师参与培训的积极性，充分发挥教师的主观能动性，更易达到良好的培训效果。

第四，校本培训能够充分利用校内外各种资源，更易达到培训目标。

3. 校本培训的实施路径

（1）充分挖掘本校资源。校本培训的主要组织方式有两种，分别是校内培训与学校之间的培训交流，其中，校内培训立足于本校教学实际，更有利于帮助教师理论联系实践。

本校资源包括学校教学的历史经验、本校骨干教师的教学经验以及本校教师的教学实践总结等。充分挖掘本校资源，能够让教师在熟悉的环境中互相交流学习，培训针对的是同一所学校的教学活动，可以让教师在更加轻松的氛围中进行交流，而培训内容也能更好地融入实践。同时，校内开展的校本培训立足本校，成本更低，也更容易开展，因此，此种类型校本培训的频率可以适当提升，从而能够更好地帮助教师及时反馈教学中存在的共性或个性问题。

（2）创新校本培训的方式。在信息技术快速发展的今天，校本培训的方式与手段也在不断更新换代，传统的校本培训方式以线下组织交流培训活动为主，通过教师之间的交流与分享，获取教学经验，探索教学方法。而在信息技术十分普及且不断发展完善的今天，充分利用新的技术展开校本培训就成为教师专业发展的重要需求。

信息技术并没有改变校本培训的基本形式，只是改变了校本培训的互动和交流方式，信息技术在校本培训中的应用具有鲜明的特点，即高效、便利、资源更新快。通过多种交流平台，教师可以在线上进行即时互动和交流，通过对各种教学资源的合理运用，教师可以持续、及时地获取丰富的教学资源和教学信息，作为自己开展教学活动的重要参考。

学校和教师还可以通过网络建立交流群或交流组，共同进行教学研修，探讨和解决教学过程中遇到的问题，总结教学过程中的经验。在这个过程中,教师可以自由选择培训、交流的时间和方式,根据自身的教学实践及时参与线上研修与交流,使校本培训不再受时间与空间的限制,可以持续保持活力。

(三)促进教师共同体发展

1. 教师共同体的概念

教师共同体是指为了促进教师的专业发展,教师群体本着合作、互助、共享、开放、发展的理念,以教学经验的交流与教学互助为主要内容,组建而成的教师团体组织。

教师共同体具有实践性、研究性、专业性、合作性和开放性等特点,并为教师专业发展提供了精神家园,成为教师教学、研究和学习三合一的专业生活方式的载体。建设好教师共同体能有效促进学生的发展,并为深化课程改革、改进学校质量提供助力。与此同时,教师共同体的建立也促进了教师教育责任的延伸。

2. 教师共同体的作用

教师共同体的成员组成以教育者为主,成员可以通过教师共同体学习教育理论,交流教学经验,探讨教学问题。教师共同体还具有一定的社会影响力,能够维护教师权益,为教师专业发展创造更多的有利条件。教师共同体的作用主要有以下几点。

(1)方便教师之间的交流。在教师共同体中,教师可以打破学科与教学环境的限制,自由进行教学经验的交流与分享,共同分析并解决教学过程中遇到的问题,根据不同的角度、不同的实践经验、不同的教学经历,针对某一教学话题进行讨论,有利于开拓教师的教学思维,帮助教师从多角度认识教学活动以及采取灵活方式来应对教学实践中出现的问题。

(2)帮助教师自主提升专业发展水平。教师共同体是教师自愿组成或加入的,没有外界的强制性要求,因此是教师个体的一种带有很强积极性的主动行为。不同的教师共同体也具有自身独特的风格,同一教师共同体中的成员往往在很多方面具有相似性,例如,兴趣、爱好、对待教学的态度、教学理念、教育方式、价值观以及为人处世的方式等。具有相似品质的个体之间的交流会变得更加流畅、顺利,教师也会对该团体更有归属感,形成心理活动与实践活动的良性循环,从而能够帮助教师自主提升专业发展水平。

(3)有利于教学资源及时共享。教师共同体的优点是教学资源的共享。优秀的教师共同体是一个蕴含着丰富智慧与庞大信息量的平台,教师在其中分享自身关于教学的种种观点,同时分享自己掌握的关于教学的相关信息,这种由大量个体之间分享信息的方式,可以保证信息更新的即时性,让教师可以在第一时间接触到新的政策、新的教学方式、新的教学理念等。

(4)为教师提供学习的平台。教师共同体通过引入教育领域的专家与其他优秀教师的方式,让他们可以分享教学经验,从更加专业的角度分析教学活动,为教师的教学活动提供更多的学术和理论支持,提升团体内教师的专业水平,促进团体内教师的共同发展。①

3.信息技术赋能教师共同体的发展

(1)使沟通与交流更加便捷。在当今的信息化时代,高中英语教师共同体的建设和发展受益于信息技术的迅猛进展。与过去相比,现今的英语教师不再局限于课堂内的教学和学术研讨会上的交流,他们现在有了更广阔的平台来分享和学习。通过社交媒体、聊天工具和在线会议平台,高中英语教师可以轻松地与全国乃至全球的教育工作者建立联系,分享他们在课堂上的实践经验、最新的教学策略和富有创意的教育资源。

信息技术发展带来的这种跨地域、跨文化的交流为高中英语教师提

---

① 刘雨蓓.ESP教学方法改革与教师专业发展研究[M].青岛:中国海洋大学出版社,2019:176-177.

供了更加丰富和多元的视角，使他们能够对传统的教学方法进行反思和创新。举例来说，一个在中国的高中英语教师可能会从一个在英国或美国的教师那里学到一个新的教学方法，然后将其融入自己的课堂教学，使学生受益。同时，这种实时的、广泛的交流也增强了教师之间的团结和协作精神，使他们更有动力去提高自己的教学水平，从而更好地服务于学生。简言之，信息技术已经成为推动高中英语教师共同体发展的重要驱动力，为教师提供了一个更加开放、协作和创新的环境。

（2）提升资源共享水平。教师专业发展需要大量的信息资源作为支撑，共享也是重要的新发展理念之一。在当前的教育环境中，资源共享变得越来越重要，特别是在高中英语教师共同体建设中更是如此。信息技术，特别是云存储和在线教育平台，为这一转变提供了强有力的支持。高中英语教师不再受限于自己学校或地区的资源，现在可以轻松地访问和利用全国乃至全球的优质教学资源。当教师在云平台上上传自己的教案、课件、视频或教学软件时，他们实际上是在为整个教育共同体创造价值。

在教师共同体建设中，开放式的资源共享促进了教学方法和视角的多样性。比如，不同区域的教师彼此之间能够通过信息交流与资源共享而受到启发，创新教学策略，这种互动和共享带来的便利，远远超过了传统的线下培训学习，它为教师提供了一个了解和学习其他同行优秀做法的机会，进而刺激他们反思和完善自己的教学策略。总的来看，信息技术在促进资源共享方面为高中英语教师共同体带来了巨大的变革，这种变革不仅提高了教学效率，还丰富了教学内容和方法，从而使高中英语教学变得更加丰富和多元。

（3）提升决策的科学性。在当今教育实践中，数据驱动的决策日益受到教师的重视，大数据能够为教师提供更深入、更具针对性的洞见，从而能够帮助教师做出更加科学的决策，进而更好地支持学生的学习。对于高中英语教师共同体建设来说，基于信息技术与大数据的教学研究和分析，能够为教师共同体建设提供充分的支持。随着信息技术的发展，学生在各种在线平台上的学习行为都可以被捕捉并分析，如他们在哪些部分花费的时间最多、哪些题目最困难，或者他们的学习进度如何。这些数据不仅能够为单个教师提供宝贵的反馈，还能够在教师共同体中实现共享，使得整个团队能够从中受益。具体来说，一个教师可能会发现他的教学策略在某一部分内容上特别有效，而其他教师可能正面临该部分内容的教学困难，那么基于此问题的相关数据的共享和分析，就能够为这些教师提供一个破解实践难题的重要路径，从而提高整体的教学质量。

（四）健全教师继续教育制度

学无止境，教师同样也是如此。进入工作岗位并不意味着教师学习阶段的结束，教师应该树立终身学习观念，既是"教师"，又是"学生"。教师通过学习不断提升自身素质，这样做，既是教师实现专业发展的要求，也是国家教育事业发展的需要。

当今信息时代的显著特点之一就是信息和知识的更新速度加快，新的教学理念与教学方式不断产生、更新，加之英语教育政策的不断调整，英语教师在学校中学到的知识，不可避免地会面临过时、老化、不符合现代教学实践等问题。因此，教师必须始终保持学习的心态，不能满足于现有的知识体系，不能禁锢在固有的教学模式之中，要勇于探索和学习新的教学理念，并将之付诸实践。

教师的学习途径总体分为两个方面。其一，自我学习与提升，这需要教师拥有充分的自我发展意识。其二，教师继续教育制度下的一系列教师培训活动。教师继续教育制度需要整合各类教育和社会资源，相关教育部门、综合类大学、师范性院校、中学以及教育团体或组织，需要相互沟通、相互协调、相互配合，实现信息与资源共享，教育与学习联动，通过大家共同努力，提升教师专业发展水平。制度建设是实践发展的重要保障，无论是教师自我学习与提升，还是一系列教师培训活动，若想取得理想的成果，就必须有一个稳定的制度框架。

作为教师的工作单位，学校应该重视教师的继续教育工作，充分发挥其教育资源整合的作用，合理制订教师培训计划，并将其规范化、制度化，从而确保每位教师都能享有平等的培训机会。个别学校存在不重视教师继续教育的现象，认为教师的本职工作是教学，以教师现有的能力，负责该学习阶段学生的教学工作绰绰有余。这些观念显然是错误的。首先，时代是不断变化发展的，教育工作也应紧跟时代的步伐，不断变革与创新。其次，正所谓"磨刀不误砍柴工"，教师接受继续教育的目的是不断提升自身的专业素质，以适应中国教育的不断发展。教师在继续教育的过程中可以学习和掌握最新的教育理念与教育方法，然后再将其与教学实践相结合，运用到英语教学活动中，从而提升教学效率。

教学思维与教学模式的固化都会导致教学实践停滞不前，无法为教学活动注入新鲜的血液，逐渐导致教学落后于时代发展。这种情况之于教师本身来说也是如此，学如逆水行舟，不进则退，教师只有不断更新自身的知识体系，才能不断进步，不被时代所淘汰。具体到当今时代的高中英语教学之中，信息技术的发展为教学理念与教学模式带来了巨大变革。教师必须顺应时代潮流，敢于应对挑战，掌握信息技术授课的技巧，使信息技术成为自己的授课工具，从而更好地提升授课效率与质量。当然，在这一过程中，信息技术本身也发挥着重要的推动作用。第一，基于信息技术的现代化教学方式本身就是教师继续教育制度的重要内容，相关部门、组织与学校应该重视现代化教学理念和方式的普及与交流，第二，信息技术本身就对教师共同体的搭建与运作具有强大的推动作用。教师共同体涉及的教育资源与教师个体数量非常庞大，必须依赖现代信息技术，才能保障共同体的科学运行。

（五）优化英语师范教育

英语师范教育是英语教师培养的基石，只有不断优化英语师范教育，才能为国家的教育事业源源不断地输出优秀英语教师，优化英语师范教育需要从课程结构与教育实习两个方面进行。

1. 优化英语师范教育的课程结构

英语师范教育的质量直接影响高中英语教师的整体素质，因为师范教育是教师教育的最基础阶段，是基本的教学方法与教学知识的研习阶段，也是教师教育思想和理念的形成阶段。师范教育的课程直接影响着未来教师的教育知识结构与实践技能体系。师范教育的课程安排一般分为三大类，分别为英语专业课程、教育专业课程以及普通教育课程。

（1）英语专业课程。英语专业课程包括英语各项专业知识的教学，包括听力、语法、词汇、阅读、翻译等，英语专业课程负责培养英语教师的核心知识体系，一名合格的英语教师，只有具备过硬的专业素质，才能保证教学的质量，树立教师的权威，因此，英语师范教育必须将英语教育课程的设计与教学放在十分重要的位置，重视对于英语专业课程各个环节的考察与评价，及时发现并纠正教学过程中存在的问题，完善英语教育的课程结构。通常来说，培育教师的课程必须具有极强的专业性与严谨的学术性。信息技术本身就被广泛应用于教育实践之中，在英语师范教育中自然也是如此。

（2）教育专业课程。教育专业课程与英语专业课程相辅相成，其主要培养内容是学生的教育理念、教育专业知识以及教育实践技能。从我国目前的英语师范教育实际来看，总体呈现出重视英语专业知识教育，忽视师范教育的特点，需要引起师范教育者的关注。

教育专业课程集中体现了英语师范教育中的"师范性"，其开设的课程主要有教育学、心理学、教育技术、教学法等，通过这一系列课程的学习，学生可以充分了解英语教学的理论与方法，掌握英语学习的方法。

教育专业课程在部分学校往往被忽视，这些学校或者部分教育者认为，应该把英语师范教育的重点放在英语教学上，只有巩固了学生的英语基础，才能保证其在以后的教学中不会出现学术性错误，至于具体的教学方式和教学理念，可以让学生在以后的教学实践中慢慢总结形成，这种观点忽视了英语师范教育中的"师范"二字，使英语师范教育与英语教育无二，培养出来的学生可能会具有良好的英语专业能力，但是不知如何成为一名合格的英语教师。

在英语师范教育中，教育专业课程的重要性丝毫不亚于英语专业课程，作为一名英语教师，对于专业知识的熟练掌握固然重要，但对于教育教学知识的掌握关系到其能否成为一名合格的教师，一名教师如果对于教育本身的知识都缺乏了解，又何以为人师。因此，各英语师范教育专业的教育者都应重视教育专业课程，提升其在英语师范教育评价系统中的比重，让重视教育专业学习的理念深入人心。

在当前的信息化社会背景下，英语师范教育不再局限于传统的英语教学理念与方法，而是在日益丰富和高效的技术环境中，对师范生进行全面的培养。教育技术培训是英语师范教育的重要组成部分，其目的在于使师范生熟练掌握各种先进的教育技术工具。这些工具，如智能教学软件、在线协作平台和虚拟现实技术，能够为英语教学带来前所未有的可能性。师范生通过这样的培训，不仅可以为学生创造更加生动、互动性强和个性化的学习体验，还可以更加高效地组织和管理教学活动，以确保教育的质量和效果。除此之外，随着技术的不断更新和进步，未来的教师将更加依赖于教育技术。因此，为师范生提供这种培训，确保他们在步入教育第一线时，能够流利地运用技术，实现教学的现代化，不仅是对他们个人职业生涯的投资，也是对未来教育质量的长远考虑。

（3）普通教育课程。在英语师范教育中，普通教育课程的比重明显低于英语专业课程与教育专业课程，这是由师范专业教育的特点决定的。但是，比重低并不代表其不重要，普通教育课程教授的知识具有普遍性，是完善英语教师知识体系的重要组成部分。

全面的英语教师知识体系中，不仅包含英语专业知识与教育专业知识，还包含其他所需的专业与社会知识，这些知识能够在提升英语教师的整体素质中发挥辅助作用。比如，为了科学地提升学生的英语综合水平，教材中往往会涉及大量的人文地理知识、文学艺术知识与历史文化知识。如果一名英语教师对于地理、文化、历史等知识少有涉猎，那么将很难在英语教学过程中穿插人文知识的讲解，英语教学就会变成枯燥的词汇与语法讲解，教材也将失去其原本的作用。又如，在英语教学实践中，无论是教材还是辅导资料，都有着鲜明的时代性，部分内容凝聚着历史文化精华部分内容与时俱进，体现时代的发展方向。如果一名教师对时代前沿的信息不甚了解，就难以精准地把握教学材料的内容，同时难以发挥教师的榜样作用，动摇了教师在专业领域的权威。

因此，普通教育课程同样是英语师范教育的重要组成部分，需要保证其应有的课时以及课程内容的全面性。

2. 重视教育实习的作用

教育实习是英语师范教育的重要组成部分，没有教育实习的英语师范教育就是沉睡在象牙塔书库中的珍贵古籍，无论其中蕴含多少丰富的理论知识与教学经验，能带给学生的也只是纸上谈兵的思想，英语师范教育中的理论，只有应用于实践教学活动，才能展现出勃勃生机，发挥其应有的作用。

虽然教育理论具有普遍适用性，但不是万能的，需要根据教学实际情况进行调整与完善。教育专业理论是从教育实践过程中总结归纳、抽象、概括而形成的一种理性认识，也只有具体的教学实践才能检验其是否符合当前教育实际。不同教学实践中形成的教育理论具有各自的特点，教师不能将其简单地照搬到自身的教学活动中去，而是应该理论联系实际，在具体的教学实践中，根据学生的特点、教学环境、课程安排等因素对其进行调整。

在英语师范教育中，教育实习最重要的功能就是帮助师范生较早地接触英语教学实践。通过教育实习，学生可以初步获得课堂教学体验与英语教学经验，切身感受理论知识学习与实践教学之间的差异，了解教学活动中各种因素对于教学的影响，更加深刻地理解教学活动是师生互动的过程，而不是简单的知识单向传输。英语教育实习可以促使教育师范生在第一时间发现自己在专业知识和实践技能层面存在的问题，对症下药，及时纠正自己在教学环节存在的问题。与此同时，英语教育实习还可以将师范教育的成果直观展现出来，为师范教育的教学理念、教育模式、教学方式、教学内容以及评价方式等方面的改革提供重要参考。当然，教育实习的重要内容之一就是运用信息技术展开英语教学，这既是时代的要求，也是英语教师专业发展的内在需要。

信息技术"赋能"师范教育，可以将先进的教学技术运用到实践训练之中，通过虚拟现实技术的运用，构建一个与真实教室非常相似的环境，使师范生得以提前融入教学的实际场景，深刻体验教师的角色。这种高度真实的场景模拟，不仅可以让师范生在正式走上教育第一线之前就对教学有更深层次的理解，还可以使他们提前应对和解决真实教室中可能遇到的种种挑战，如学生行为管理、教材内容的适配以及与学生的有效互动等。更关键的是，这种模拟教学环境能够为师范生提供一个低风险的实验空间，使他们可以在此大胆尝试各种教学方法和策略，不断地调整和完善，从而积累宝贵的实践经验。

参考文献

[1] 刘红, 刘英, 潘幸. 英语核心素养与英语教学 [M]. 长春 : 吉林人民出版社 ,2021.

[2] 黄少华. 新时代高中英语教学的研究与探索 [M]. 长春 : 吉林人民出版社 ,2020.

[3] 孙丙华. 国际视野下的高中英语教学 [M]. 长春 : 吉林人民出版社 ,2020.

[4] 余海进, 周兴斌, 孙芳来. 核心素养理念下的高中英语教学策略研究 [M]. 长春 : 吉林人民出版社 ,2020.

[5] 卢健, 杨华娟. 高中英语教学设计与评析 [M]. 厦门 : 厦门大学出版社 ,2015.

[6] 冯蔚清. 新课标理念下的高中英语教学实践研究 [M]. 广州 : 暨南大学出版社 ,2016.

[7] 张芸. 高中英语教学探索 : 走向个性化的人文素养培育 [M]. 上海 : 上海教育出版社 ,2016.

[8] 谢耀红, 战明华, 赵志敏. 高中英语课堂与教学模式研究 [M]. 长春 : 吉林文史出版社 ,2022.

[9] 李秀英, 崔克榜, 王丹. 高中英语课堂教学探索与创新 [M]. 长春 : 吉林人民出版社 ,2021.

[10] 汪溦, 翁就红, 王阁. 高中英语词汇教学策略探讨 [M]. 长春 : 吉林人民出版社 ,2020.

[11] 夏竹慧. 指向核心素养的高中英语主题单元教学策略 [M]. 长春 : 东北师范大学出版社 ,2022.

[12] 马丽娟. 聚焦思维品质的高中英语阅读教学 [M]. 长春 : 吉林人民出版社 , 2020.

[13] 葛坦花. 基于核心素养的高中英语阅读教学策略研究 [M]. 长春 : 吉林文

史出版社,2022.

[14] 张学顺.高中英语新课程教学策略探索[M].广州：世界图书出版公司,2019.

[15] 吕寅梅.高中英语阅读教学研究与实践[M].北京：光明日报出版社,2019.

[16] 王万元.核心素养视角下高中英语读写教学[M].芜湖：安徽师范大学出版社,2021.

[17] 刘翙,许清然,嵩贺.英语口语教学理论与实践[M].延吉：延边大学出版社,2019.

[18] 马爱军.英语教学中差异性教学策略研究[M].合肥：合肥工业大学出版社,2018.

[19] 王艳芳.翻转课堂与英语教学探究[M].北京：北京工业大学出版社,2019.

[20] 高芳,李敏.信息化环境下的英语教学研究[M].北京：中国商务出版社,2022.

[21] 李玮,冯广宜.高中英语教学中学生创新思维能力的培养[J].英语广场,2023(21):123-125.

[22] 陈伟.新课程理念下高中英语阅读教学策略[J].中国教育学刊,2023(3):104.

[23] 杜江河.探讨信息化教学对高中英语教学的促进作用[J].中国新通信,2023,25(5):215-217.

[24] 刘青.新课程改革背景下高中英语教学思考[J].现代农村科技,2023(2):90.

[25] 贺军,庞建红.互动教学模式在高中英语教学中的应用[J].科教导刊,2023(2):130-132.

[26] 高维婷.信息化时代英语教师的新媒体素养及数字化英语教学模式研究：评《教师网络学习共同体与英语教学数字化融合创新》[J].中国科技论文,2022,17(12):1430.

[27] 薛菲.信息化时代探究新媒体在英语教学中的应用：评《基于网络多媒体的当代英语教学新探》[J].中国科技论文,2022,17(11):1308-1309.

[28] 王秀平. 论混合式教学模式在高中英语教学中的有效应用 [J]. 甘肃教育研究 ,2022(8): 64–66.

[29] 范蔚 , 刘建军. 学科核心素养导向的高中英语学习活动设计 [J]. 天津师范大学学报 (基础教育版),2022(3): 46–51.

[30] 张妍. 基于信息化视野下的高中英语教学模式探究 [J]. 科学咨询 (教育科研),2022(4): 212–214.

[31] 赵德荣. 新理念下信息技术在高中英语教学中的应用策略简析 [J]. 中国新通信 ,2022, 24(7): 173–175.

[32] 罗永华. 深度学习高中英语课堂的内涵与构建 [J]. 课程·教材·教法 ,2021, 41(6): 96–102.

[33] 岳红英. 高中英语教育中合作学习教学模式的运用 : 评《英语学习策略》[J]. 热带作物学报 ,2021, 42(5): 1529.

[34] 任美琴 , 吴超玲. 指向学科核心素养的高中英语教学设计研究 [J]. 全球教育展望 ,2020,49(7): 79–91.

[35] 张莉 , 杨志皇. 核心素养观下英语教学变革的困境和出路 [J]. 教学与管理 ,2020(3): 109–111.

[36] 常玉梅. 高中英语写作教学智能化探索 [J]. 教育理论与实践 ,2019,39(20): 51–53.

[37] 曾望. "互联网 +" 背景下英语教学研究 [J]. 中国教育学刊 ,2019(S1): 106–107.

[38] 闫旭东. 多元读写模式在高中英语教学中的应用研究 [J]. 教学与管理 ,2019(18): 104–106.

[39] 邓新侦. 新课标下高中英语教师课堂教学设计能力研究 [J]. 教学与管理 ,2019(15): 35–38.

[40] 金靓. 英语教学的信息化及其实践路径 [J]. 教学与管理 ,2019(12): 105–107.

[41] 陆婧. 新高考视野下高中英语教学的应然转向 [J]. 教学与管理 ,2019(6): 108–110.

[42] 蒋次美.高中英语教学中文化意识培养的困境与路径[J].教学与管理,2018(22): 60-62.

[43] 陈静瑶,杨道宇.翻转课堂下高中英语教学改革及其实施策略[J].教育理论与实践,2018, 38(14): 55-57.

[44] 刘红.高中英语阅读教学现状和改进策略[J].山东社会科学,2016(S1): 342-343.

[45] 祁雪.探究式教学在高中英语阅读教学中的实验研究[D].石家庄:河北师范大学,2023.

[46] 霍春迎.支架式教学法在高中英语听力教学中的实验研究[D].石家庄:河北师范大学,2023.

[47] 崔晓娟.基于英语学科核心素养的高中英语阅读教学设计的调查研究[D].长春:吉林外国语大学,2023.

[48] 刘超.混合式学习在高中英语写作教学中的应用研究[D].漳州:闽南师范大学,2023.

[49] 吴永芳.项目式学习在高中英语教学中的应用研究[D].漳州:闽南师范大学,2023.

[50] 周怡茹.高中英语教学中人文素养培养现状的调查研究[D].桂林:广西师范大学,2023.

[51] 陈子欣.核心素养视角下高中生英语文化意识培养现状研究[D].桂林:广西师范大学,2023.

[52] 黄小翠.高中英语课堂互动中的教师反馈语研究[D].黄石:湖北师范大学,2023.

[53] 李可.信息技术与高中英语阅读教学融合的课例研究[D].鞍山:鞍山师范学院,2022.

[54] 黄卓群.信息化教学背景下高中英语课程资源利用[D].上海:华东师范大学,2022.

[55] 柳明明.混合式教学背景下高中英语教师教学行为有效性研究[D].哈尔滨:哈尔滨师范大学,2021.

[56] 芦婧. 职前英语教师的信息化教学能力调查研究 [D]. 上海：华东师范大学, 2021.

[57] 李洁. 信息化教学在高中英语教学中的应用调查研究 [D]. 南昌：江西科技师范大学, 2020.

[58] 陈小草. 多媒体辅助情景教学法在高中英语语法教学中的应用 [D]. 郑州：河南大学, 2020.

[59] 王琴转. "互联网＋教育"背景下翻转课堂在高中英语教学中的应用研究：以汉中某中学为例 [D]. 汉中：陕西理工大学, 2020.

[60] 朱润秋. 互联网＋背景下高中英语拓展阅读教学研究 [D]. 曲阜：曲阜师范大学, 2020.

[61] 张琳. 师范生信息化教学能力培养研究 [D]. 上海：华东师范大学, 2019.

[62] 李静红. 基于信息技术的高中英语教学模式的研究与实践 [D]. 扬州：扬州大学, 2018.

[63] 陈佳钰. 微课在高中英语教学中的应用研究 [D]. 杭州：浙江大学, 2018.

[64] 李高昂. 多媒体辅助高中英语阅读教学的应用研究 [D]. 重庆：重庆师范大学, 2016.